습관 디자인 45

습관 디자인 45

초판 1쇄 인쇄일 ㅣ 2020년 10월 15일   초판 1쇄 발행일 ㅣ 2020년 10월 20일

지은이   ㅣ 이노우에 히로유키
옮긴이   ㅣ 정지영
펴낸이   ㅣ 강창용
책임편집 ㅣ 정민규
디자인   ㅣ 가혜순
영 업   ㅣ 최대현

펴낸곳   ㅣ 느낌이있는책
출판등록 ㅣ 1998년 5월 16일 제10-1588
주 소   ㅣ 경기도 고양시 일산동구 중앙로 1233(현대타운빌) 407호
전 화   ㅣ (代)031-932-7474
팩 스   ㅣ 031-932-5962
이메일   ㅣ feelbooks@naver.com
포스트   ㅣ http://post. naver.com/feelbooksplus
페이스북 ㅣ http://www.facebook.com/feelbooksss

ISBN   979-11-6195-116-4   03190

* 잘못된 책은 구입처에서 교환해드립니다.

이 도서의 국립중앙도서관 출판예정도서목록(CIP)은 서지정보유통지
원시스템 홈페이지(http://seoji.nl.go.kr)와 국가자료종합목록 구축시스
템(http://kolis-net.nl.go.kr)에서 이용하실 수 있습니다.
(CIP제어번호 : CIP2020042026)

습관에 몰입하고 성공을 디자인하다

HABIT
DESIGN 45

상위 1% 사람만이 실행하는 45가지 성공 습관

습관 디자인 45

이노우에 히로유키 지음 | 정지영 옮김

이 책 한 권으로
여러분의 인생은
확 바뀐다

여러분도 1%의 사람이 될 수 있다

왜 나는 잘 안 되는 걸까? 하리라 생각하는 것의 절반도 제대로 이루어지지 않는다. 반면 주변에는 나보다 훨씬 잘나가는 사람이 많다. 그들에 비하면 나는 아무리 열심히 해도 어쩐지 매사가 잘 풀리지 않는다. 나에게는 무엇이 부족한 걸까? 확실하게 성공을 거머쥐는 사람과 나는 어느 면이 다를까?

이런 생각으로 이 책을 펼쳤다면 다음 두 가지는 필히 알아두기를 바란다. 첫째는 주변 사람 모두가 잘 풀리는 것은 아니라는 점이다. 아마도 여러분이 잘 풀린다고 생각하는 사람도 어느 일은 잘 풀리지만, 다른 일은 잘되지 않아서 고민하고 있을 것이다.

여러분도 마찬가지다. 회사 일은 그럭저럭 순조롭게 되어가지만, 최근 들어 급격하게 연애운이 하락하면서 연인에게 이별을 선고받은 사람도 있을 것이다. 혹은 회사 일도, 개인적인 일도 잘 풀리지만, 몸 상태가 좋지 않은 사람도 있다. 이렇게 사람은 대부분 몇 가지 일이 잘 풀리면, 다른 많은 일은 문제가 생기거나 생각대로 흘러가지 않는다. 자신의 **인생이 대체로 잘 풀린다고 말하는 사람은 1%** 정도뿐이다.

두 번째로 알아둘 것은, 여러분도 그 1%의 사람이 될 수 있다는 점이다. 나는 이 두 가지를 확실히 단언할 수 있다. 나 자신이 매우 일반적인 99%의 집단에서 빠져나와 현재 모든 것이 잘 풀리는 1%의 사람으로 바뀌어 있기 때문이다.

내 인생을 바꾼 사건

나는 홋카이도의 오비히로(帶広)에서 치과병원을 경영하고 있다. 서른한 살에 개업해서 내년이면 20년째를 맞이한다. 현재 일본에서 치과병원은 편의점보다 많다고 할 정도로 늘어나고 있어서 경영에 어려움을 겪는 곳이 적지 않다. 그런 혹독한 환경 속에서도 내 병원은 지역 안팎에서 많은 환자가 방문하고 있는데, 그중에는 해외에서 찾아오는 환자도 있다.

나는 치과 치료 기술을 갈고닦는 일이나 치과를 경영하기 위한 지식과 수법을 연구하는 데에 남보다 몇 배나 노력해왔다고 자부할 수 있다. 게다가 많은 사람의 도움도 있었기에 병원은 개업했을 때부터 순조롭게 발전해왔다.

그러나 진심으로 만족하기는 쉽지 않았다. **열심히 노력은 하는데 진정한 만족감을 얻을 수가 없었다.** 노력해서 이룬 성과도 내가 기대하는 수준에는 쉽게 도달하지 않았다. 아무리 주변에서 그럭저럭 좋은 평가를 해주어도 나는 늘 초조했고 내 마음 가운데 불만이 남아 있었기 때문에 행복하다고 단언할 수가 없었다.

아마 세상 사람의 태반이 이런 기분으로 살고 있을 것이다. 나도 분명 그중 한 사람이었다. 그런 불만과 초조함을 없애고 내가 상상하는 인생을 현실로 만들고 싶었다. 하지만 그런 생각을 가지고 노력을 거듭해도 헛된 시간만 보낼 뿐이었다. 그런 날들이 얼마나 반복되었던가?

그러던 어느 날, 내 인생을 크게 바꾼 사건이 일어났다. 가족 여행 중에 교통사고를 당해서 아내가 빈사 상태가 되는 중상을 입은 것이다. 다행히 나중에 아내는 기적적으로 회복했다. 나는 사고 후 아내의 회복을 필사적으로 기원하면서도 자꾸만 절망의 구렁텅이에 빠져 들어갔다. 그런 나를 열심히 일으켜 세우려던 중에 무심코 들어간 서점에서 그때까지 관심을 둔 적 없던 자기계발서라는 장르의 책을 만났다.

그런 책을 통해 진심으로 만족하는 삶을 살려면 사고와 행동을 의식적으로 바꿀 필요가 있음을 깨달았다. 그리고 정신을 차려 보니 무언가에 홀린 듯이 잠깐의 시간도 아까워하며 공부하는 나 자신을 발견했다. 나는 마음을 성장시키고 내면을 채우는 책을 닥치는 대로 읽었고, 매주 도쿄에 가서 세미나와 연수회에 연이어 참가했다. 급기야 공부를 하러 외국까지 나가게 되었다.

결과적으로 공부하는 데에 상당한 돈과 시간을 들였다. 그러나 나는 전혀 아깝지 않았다. 진심으로 만족할 만한 삶을 살기 위한 귀중한 교훈을 얻었기 때문이다.

치아뿐 아니라 마음까지 치료하도록

이런 배움을 통해 내 의식은 본질적이고 극적으로 변화했다. 그와 더불어 병원의 상황도 변하기 시작했다. 물론 치아를 고쳐주는 치료를 하는 것은 변함없었지만, 나는 치과 치료를 통해 사람들을 행복하게 해주고 싶었고, 사회에도 도움이 되고 싶었다. 더 구체적으로 말하자면 단순한 치과 치료만이 아니라 환자의 마음까지 치유하는 의료를 제공하고 싶다는 마음이 강해졌다. 그런 바람으로 치료를 지속하자 실제로 "선생님께 치료를 받으면 아주 행복한 기분이 들어요."라고 말해주는 환자가 늘어났다.

그 후 "이노우에 치과는 마음까지 치료한다."라는 평판이 널리 퍼지면서 2008년 9월에 처음으로 책을 출간하게 되었다. 그러자 전국에서 편지와 메일로 인생 상담이 밀려왔고, 현재까지 6만 명 이상의 고민을 접했다.

선순환은 생각에서 시작된다

이렇게 많은 사람들의 고민을 접하면서 알게 된 것은, 예전의 나처럼 열심히 노력은 하는데 그런 노력이 헛수고가 되어 결과에 반영되지 않는, 즉 아무리 해도 안 풀리는 사람의 비율이 상당하다는 현실이었다.

　가능한 한 많은 사람을 이런 악순환에서 빠져나오게 하고 싶었다. 정말이지 한 사람이라도 더 구해내고 싶다는 마음이 들었다. 그러나 혼자만의 힘으로는 한계가 있었다. 그래서 이 책으로 인생이 잘 풀리는 1%의 사람과, 안 풀리는 99%의 사람의 차이를 45가지 항목으로 소개하게 되었다. 이 책에 내가 그동안 많은 돈과 시간을 들여 습득한 사고와 행동 법칙의 핵심만을 추출해서 담았다. 이것은 진심으로 만족하는 삶을 실제로 사는 지혜라고 할 수 있다.

　원하는 인생을 사는 것도, 매사가 안 풀리는 인생을 사는 것도, 그 열쇠는 자기 자신이 쥐고 있음을 잊지 말자. 모든 가능성은 우리 안에 잠재되어 있다. 그리고 인생을 바꾸는 첫 계기는 생각을 바꾸는 일에서부터 시작된다. **생각이 바뀌면 행동이 바뀌고, 행동이 바뀌면 습관이 바뀌며, 머지않아 모든 것이 생각한 대로 바뀌기 때문이다.** 그 과정은 높은 하늘을 향해 올라가는 나선형의 계단과 같다. 끊임없이 상승하다 보면 모든 것이 순식간에 바뀌어 버린다. 그렇게 **여러분은 모든 것이 잘 풀리는 1%의 사람이 되어 있을 것이다.**

이 책의 어느 항목부터라도 상관없다. 자신이 할 수 있는 항목부터 시작해보자. 그러면 여러분의 인생이 크게 바뀔 것이라고 확신한다.

이노우에 히로유키

3장 1%의 일 처리

4장; 1%의 인간관계

6장 1%의 행복해지는 방법

1%의 셀프이미지

SELF IMAGE

01 - 08

잘 풀리는 1%의 사람은

**성실하게 노력하는 사람이
잘 빠지는 함정을 알고 있다**

안 풀리는 99%의 사람은

**자기를 부정하는
버릇이 있다**

—

"매일 전력을 다해 노력하고 있는데 일이 도통 풀리지가 않네요."

"열심히 하고는 있는데, 생각한 대로 성과가 오르지 않아요."

세미나에 참가한 사람들이나 상담을 하러 온 사람들이 이런 고민을 자주 털어놓는다. 그들은 휴일을 반납하고 돈을 내면서까지 세미나에 참가할 정도이니 모두 성실하게 노력하고 있는 사람일 것이다. 물론 이 책을 펼쳐 든 여러분도 마찬가지다.

그렇게 온 힘을 다해 성실하게 노력하는데 왜 생각한 대로 결과가 나오지 않을까? 그 이유는 이것 하나뿐이다. **성실하게 노력하는 사람일수록 잘 빠지는 함정이 있기 때문**이다.

그 함정은 자기 자신에게 항상 부정적인 평가만을 내리는 것이다. 예를 들어보자. 한 수험생이 모의시험을 보았다. 입시 학원 내에서 10등 안에 들어가는 좋은 성적을 거두었다. 그렇다면 보통은 "내가 해냈어!"라며 쾌재를 부를 것이다.

그런데 성실하게 노력하는 사람은 "아직 부족해. 지역 내에서 10등 안에 들어가야지."라고 자신에게 다시금 채찍을 휘두른다. 그래서 지역 내에서 10등 안에 들어가면 이번에는 전국에서 10등 안에 들어가야 한다며 더욱더 한계선을 올린다.

이런 사람에게는 대단한 노력이라고 좋은 평가를 해주고 싶지만, 이대로 가면 결국 스스로를 점점 궁지에 몰아넣게 될 것이다. 시간이 아무리 흘러도 아직 자신

이 부족하다는 셀프 이미지를 고칠 수 없기 때문이다.

**무의식중에 자신을 부정하는 말버릇을 가진 사람이 있
다.** 실은 예전에 나 역시 딱 그런 사람이었다. 시간을
내서 꾸준히 연구 자료를 읽고, 치료 시뮬레이션을 하
는 등 묵묵히 치료 기술을 갈고닦는 일을 게을리하지 않
은 것은 예나 지금이나 변함이 없다.

하지만 과거에는 "아, 또 안 되는구나. 왜 이렇게 잘
안 풀리지." 혹은 "마지막 한고비를 넘지 못했구나. 나
는 정말 구제불능이야."라는 식으로 사사건건 투덜거렸
다. 애써 노력을 하면서도 동시에 계속 자기 자신을 부

정한 것이다. 이것은 마치 손으로는 돌을 쌓아 올리면서 발로는 자신이 쌓아 올린 돌을 걷어차서 무너뜨리는 것과 다름없는 일이다.

발전하려는 마음이 강한 사람은, 스스로도 그렇고 주변에서도 항상 적극적으로 노력하는 사람이라고 생각한다. 그런데 자신을 발전시키고 싶다고 생각하는 한편, 저도 모르는 사이에 자기 부정을 하고 만다. 이것이 성실하게 노력하는 사람이 지니고 있는 의외의 맹점이다.

1%의 사람이 되려면
자기 부정을 하지 마라

잘 풀리는 1%의 사람은

**긍정적인 말을 의식적으로
사용한다**

안 풀리는 99%의 사람은

**부정적인 말을 무의식적으로
입에 담는다**

앞의 항목을 읽고 "아, 또 안 되는구나." "마지막 한 고비를 넘지 못했어."라는 단순한 말버릇이 그렇게 크게 문제가 되는 것인지 의아해할 수도 있다. 그렇다면 묻고 싶다. 여러분은 말이 단순한 커뮤니케이션 수단이라고 생각하는가? 말이란 의사와 정보를 전달하는 도구에 지나지 않는다고 생각하는가? 나는 그렇지 않다고 말하고 싶다.

말에는 그 이상으로 커다란 힘이 있다. 말에는 사람이 생각하는 다양한 의사, 사고, 감정까지 담겨서 주변 사람만이 아니라 말을 내뱉은 자신까지 움직인다. **아름다운 말을 사용하면 아름다운 생각이, 강력한 말을 사용하면 강력한 생각이, 더러운 말을 사용하면 더러운 생각이 고스란히 전해져 그 방향을 향해 행동이 시작된다.**

이런 내용을 보면 어딘가 짚이는 데가 있을 것이다. 처음에는 상당한 자신감을 품고 어떤 일을 처리하려고 하는데 도중에 갑자기 "아, 떨려. 손이 미끄러지면 어쩌지." 하고 혼잣말이 튀어나올 때가 있다. 가장 어려운 지점을 통과하고 나서 '이제 괜찮아'라고 안심한 순간 손이 확 미끄러지면서 일을 망치고 마는 상황. 누구나 공감하지 않는가?

안 풀리는 사람은 대부분 "잘 안 되면 어떡하지." "실패할 것 같은 예감이 들어." "저 사람은 느낌이 안 좋아." "이 일은 나에게 맞지 않아." "아, 피곤해." "이제 지겨워."라는 식으로 버릇처럼 부정적인 말을 내뱉는다.

하지만 **같은 상황에서도 말을 바꾸면 생각이 바뀐다.**

부정적인 말과 반대로 하는 것이다. "아, 피곤해." "이제 지겨워."라고 말하고 싶을 때는 "이 일을 마무리하면 자신감이 붙을 거야." "조금만 더 힘내자." "오늘은 열심히 일했으니까 보상으로 조금 빨리 끝낼까?"라고 말하도록 한다.

이처럼 동일한 상황에서도 발상을 전환하기만 하면 말이 이만큼이나 바뀐다. 그 결과 생각이 바뀌고 머지 않아 행동이 바뀐다. 좋은 방향으로 순환되기 시작하는 것이다.

처음에는 의식적으로 좋은 말, 아름답게 울리는 말, 밝은 말을 특별히 골라서 사용하자. 좋은 말이란 자신의 마음이 편안해지거나 기운을 북돋는 말이다. 그런 말을 사용하면 자신도 기분이 매우 좋아진다. 그러면 상황은 아무것도 바뀌지 않았는데도 이상할 정도로 활기찬 기분이 된다. 그 결과 더욱 생기 있게 다음 행동으로 옮겨갈 수 있다. 사람은 습관의 동물이라서 이는 바로 습관으로 정착된다.

1%의 사람이 되려면
긍정적인 말만 사용하라

잘 풀리는 1%의 사람은

자신의 좋은 점을
소중히 한다

안 풀리는 99%의 사람은

자신의 안 좋은 점을
과도하게 의식한다

—

고민의 소용돌이에 휩쓸릴 때는 자신의 안 좋은 점, 현재 상황에 대해 느끼는 불만족만 눈에 들어온다. 나도 예전에는 그랬기 때문에 그런 기분을 잘 안다. 하지만 그 같은 일만 생각하면 더 우울해져서 점점 자기 자신이 싫어질 뿐이다.

누구에게나 안 좋은 점은 있다. 부족한 점, 불만족스러운 점이 하나도 없는 사람이 어디 있겠는가? 아무리 신경을 써도 해결할 수 없는 문제가 누구에게나 꼭 있는 법이다. 그렇다면 내가 무엇을 위해서 나 자신의 단점에 그토록 신경을 쓰는지 돌아보아야 한다. 오히려 **나의 좋은 점, 스스로 자신이 있는 점에 의식을 집중해서 자기 자신을 바라보려고 하는 편이 이득이지 않을까?**

우리는 얼굴에 하이라이트, 섀도, 아이라이너 등의 메이크업 도구를 적절히 사용해서 자신의 좋은 점을 강조하거나 자신이 없는 부분을 최대한 숨긴다. 그러면 인상이 확연히 바뀌고 민낯은 한두 단계 향상되어 아름답게 변한다.

여기에 조명 기술의 마법까지 더하면 신경 쓰이던 피부의 결점도 전혀 보이지 않게 된다. 자신의 좋은 부분에만 빛을 갖다 대고 부족한 부분은 감추는 것이다. 그렇게 하면 결점은 원래 없었던 것처럼 된다.

일도 똑같다. 내가 아는 어느 의사는 IT에 알레르기가 있는지 컴퓨터는 간단한 메일 송수신, 휴대전화는 전화와 문자 정도만 사용한다. X선 데이터 등을 파일로 첨부해서 주고받으면 상당히 편리하기 때문에 가르쳐주겠다고 말해도 IT는 불편하다며 처음부터 선을 그어버렸다. 하지만 그는 수술 솜씨가 매우 출중하기 때문에 아무도 그런 점에 불평하지 않는다. 본인도 "시대에 뒤처져서 미안하네."라고 웃어넘길 뿐이다.

자신을 분석할 때는 무심코 결점만을 열거하기 쉽지만, 결점에 눈을 돌리지 말고 좋은 점, 장점만을 찾으려고 해보자. 자신의 장점을 높이 평가하는 습관을 들이면 장점이 점점 발전해서 빛을 발하게 된다.

빛이 가득 찬 보름달을 바라보면서 달 표면에 움푹

팬 커다란 크레이터가 있다는 것을 의식하는 사람은 없다. 장점을 갈고닦아 빛나는 존재가 되면 아무리 크레이터 같은 커다란 구덩이가 있다고 해도 아무도 그곳에 시선을 주지 않을 것이다.

1%의 사람이 되려면
자신의 좋은 점을 보라

잘 풀리는 1%의 사람은

자신의 만족감을
중요하게 여긴다

안 풀리는 99%의 사람은

타인이 내리는 평가에
신경 쓴다

다른 사람들이 나를 어떻게 생각할까? 이것을 신경
쓰지 않는 사람은 없을 것이다. 마음과 생각의 법칙성
을 공부해왔지만, 나 역시 타인의 평가가 전혀 신경 쓰
이지 않는다면 거짓말이다. 책을 출간하면 당연히 독자
의 평가가 궁금하고, 페이스북에 메시지를 올리면 어떤
댓글이 달릴지 신경 쓰인다.

　하지만 타인이 내리는 평가에 그다지 휘둘릴 필요는
없다. 진정한 평가는 스스로 해야 하기 때문이다. 타인
의 평가는 그 사람의 척도와 가치관을 기준으로 내리는

것이다. 하지만 인생은 어디까지나 자기 자신의 것이다. 타인의 평가에 일희일비해봤자 그것이 자신의 본질적인 만족으로는 연결되지 않는 일도 많다.

즉 자신의 마음속에서 이걸로 됐다는, 만족할 만한 결과를 얻어야 한다. 이것이 평가를 내리는 기준이 되어야 한다. 예를 들어 사내 승진시험에서 80점을 받았다고 하자. 100점 만점에서 20점이나 부족하다. 그러면 자신은 형편없는 사람일까? 사람은 시험 점수를 위해 살아가지 않는다. 점수는 당연히 높을수록 좋지만, 점수에 휘둘려서 살아가기에는 인생이 너무나 아깝다.

'80점이라니 정말 잘했어. 하지만 더 위로 올라갈 수 있어. 다음에는 좀 더 좋은 점수를 받도록 노력하자.'

이렇게 생각하면 같은 80점을 받아도 만족감이 높아질 수 있다. 점수는 그대로지만 자신에 대한 평가는 최고가 되기 때문이다. 80점이 지금의 내가 온 힘을 다해 노력한 결과임을 인정한다면 최고의 만족감과 행복을 느낄 수 있다.

타인의 평가를 신경 쓰지 않으면 발전하고자 하는 의욕이 생기지 않는다는 반론도 있다. 하지만 사람에게는 자신을 믿으려는 경향이 있다. 현 상태에서 후퇴하거나 정체하고 있으면 틀림없이 '이대로는 안 돼', '좀 더 나를 끌어올리자'라는 기분이 솟아오른다. '나는 형편없어', '나에게는 가치가 없어'라고 생각하는 사람에게 이런 기분은 솟아오르지 않는다.

결과를 올바르게 평가할 수 있는 것은 자신뿐이다. 자신만이 마음속 깊은 곳에 가득 차는 생각을 감지할 수 있기 때문이다. **스스로 평가할 때는 점수를 지표로 하는**

것이 아니라 내가 얼마나 만족하는지, 얼마나 행복한지를 따져보자. 우리는 '충분히 만족하고 큰 행복을 느끼는 사람이 되는 것'을 목표로 삼아야 한다.

주변의 평가에 얽매이지 않는다

잘 풀리는 1%의 사람은

자신감은 스스로 만들어가는 것이라고 생각한다

안 풀리는 99%의 사람은

자신감은 다른 사람이 부여하는 것이라고 생각한다

나는 무슨 일을 하든 준비하는 단계에 힘을 쏟아서 분명히 잘될 것이라고 확신한 상태에서 시작하는 편이다. 그 결과 많은 일이 잘되었고, 지금은 다 잘될 것이라는 자신감이 생겼다.

자신감은 다른 사람이 부여하는 것이 아니라 스스로 자기 자신을 믿는 데에서 생긴다. 극단적으로 말하자면, 설령 아무리 근거가 없고 착각이라고 해도 마음대로 자신감을 가지면 되는 것이다. 가진 자가 이기는 것, 그것이 자신감이라고 해도 될 정도다.

예를 들어 쇼핑을 하러 가서 마음에 드는 옷을 입어 보았다고 하자. 그런데 기대한 만큼 잘 어울리지 않았다. 그럴 때 '나는 키가 작아서 어떤 옷도 안 어울려' 혹은 '나는 너무 말라서 볼품이 없어 보여'라고 부정적으로 생각하는 사람이 많지 않은가?

나도 예전에는 그랬는데, 그러면 애써 쇼핑을 하러 가도 스스로 자신에게 상처를 주게 되어 보람이 없었다. 따라서 지금은 반대로 '(이 옷도 나쁘지 않지만) 좀 더 나

한테 잘 어울리는 옷이 있을 거야', '좀 더 멋지게 보일 옷을 찾아보자'라고 생각한다. 그렇게 하면 자신감이 떨어지지도 않고, 의미 없이 상처 받지도 않는다.

회사 프로젝트에 자신이 호명될 것이라고 남몰래 기대하고 있었는데, 팀장이 다른 사람을 지명한 일. 좋아하는 사람에게 용기 내어 고백했더니 "미안해. 나 좋아하는 사람이 따로 있어."라고 거절당하는 일. 이런 일은 인생에서 얼마든지 일어날 수 있다. 이럴 때 "아, 나는 역시 좋은 평가를 받지 못하는구나." "더 괜찮은 외모를 가지고 태어났으면 좋았을 텐데."라는 식으로 자신감을 떨어뜨리지 말자.

"나에게는 좀 더 어울리는 일이 있을 거야." "나한테 가장 잘 어울리는 사람은 저 사람이 아니었던 거야. 분명히 더 멋진 만남이 기다리고 있겠지. 그날을 위해 나 자신을 갈고닦을 시간이 주어진 건지도 몰라."라고 다소 강인하게라도 자신감을 가지려고 하는 편이 훨씬 나은 결과를 불러온다.

자신감의 훌륭한 점은 근거 없는 자신감이라도, 실체가 없는 자신감이라도 자신을 확실히 지탱해주는 힘이 된다는 것이다. 이것은 거짓으로 속이는 것이 아니다. 근거 없는 자신감도 점차 선명해져서 곧 진짜 자신감이 될 것이기 때문이다.

1%의 사람이 되려면

자신감을 가져라
근거 없는 자신감도 상관없다

잘 풀리는 1%의 사람은

비뚤어진 마음의 거울을
그대로 두지 않는다

안 풀리는 99%의 사람은

잘못된 셀프이미지를
지니고 있다

자신감과 완전히 반대쪽에 있는 것이 콤플렉스다. 나는 심리 상담을 할 때 이런 이야기를 자주 듣는다.

"제 콤플렉스는 다른 사람이 나를 싫어하는 게 아닌지 두려워하는 거예요."

"낯을 가려서 사람들과 잘 어울리지 못하는 콤플렉스가 있다 보니 뭐든지 한 걸음 뒤로 물러서게 돼요."

"나는 콤플렉스 덩어리예요. 하루하루가 괴로워요."

이런 사람에게 아무리 "자신감을 가지세요. 근거가 없는 자신감이라도 상관없어요."라고 이야기해도 소용

없다. 그들에게는 무슨 말을 해도 귀에 들어가지 않는다. '나는 이런 점이 콤플렉스다'라는 부정적인 생각으로 사고가 완전히 차단되어 있기 때문이다.

콤플렉스는 출신 학교가 어디고, 연봉이 얼마며, 키가 몇 센티라는 구체적인 사실이 아니라 '그래서 나는 안 돼'라고 믿는 상태다. **콤플렉스의 정체를 바로 알아야한다. 콤플렉스는 사실이 아니라 자기 멋대로 믿는 것에 지나지 않는다.** 다르게 표현하자면 비뚤어진 셀프이미지를 떠올리는 것이다.

셀프이미지는 자기가 자신을 어떻게 생각하는지 스스로 파악하는 자화상이다. 하지만 사람은 자신을 볼 수 없다. 마음과 생각은 더 들여다보기 어렵다. 그래서 **자신의 마음속에 있는 거울에 자신을 비추어 보는데, 이 거울은 사소한 일로도 쉽게 비뚤어지므로 조금 성가신 존재다.**

놀이공원에 가면 여러 각도로 미묘하게 비뚤어진 거울이 있다. 그 앞에 서본 적이 있는가? 표면이 앞으로 나온 볼록거울 앞에서는 뚱뚱해 보이고, 반대로 중간이 움푹 팬 오목거울 앞에서는 날씬해 보인다. 어느 쪽이나 동일한 나 자신인데 말이다. 콤플렉스는 이처럼 비뚤어진 거울에 비친 자신의 모습을 보고 자기 멋대로 자신감을 잃는 상태라고 할 수 있다.

비뚤어진 마음의 거울은 스스로 깨닫고 고치는 수밖에 없다. '나는 형편없어'라는 생각이 떠오르려고 하면 **'아니야! 아니야! 나는 형편없지 않아'**라고 강하게 생각해보자. 실제로 크게 고개를 가로저어도 된다. 목소리를 내서 말해도 된다. 형편없지 않은 이유를 생각할 필요도 없다. 단지 "나는 절대 형편없는 사람이 아니야."라고 말하기만 해도 된다. 이것을 반복하는 동안 자기도 모르는 사이에 비뚤어진 거울이 말끔히 고쳐질 것이다.

1%의 사람이 되려면

비뚤어진 셀프이미지를 고쳐라

잘 풀리는 1%의 사람은

콤플렉스를 방치한다

안 풀리는 99%의 사람은

콤플렉스에 집착한다

—

콤플렉스는 잘못된 믿음일 뿐만 아니라 대부분 실체가 없다. "제 콤플렉스는 다른 사람이 나를 싫어하는 게 아닌지 두려워하는 거예요."라고 하는 사람에게 "왜 다른 사람이 자신을 싫어한다고 생각하나요?"라고 물어봤더니 "회사 여자들이 저만 빼놓고 모임을 하더라고요."라는 대답이 돌아왔다.

마침 나와 관련 있는 회사의 여성이었기에 다른 여성들에게 "○○씨를 어떻게 생각하세요?"라고 물어보았다. 그러자 "엄청나게 노력하는 모습이 존경스러울 정도예요."라는 답이 돌아왔다. 그래서 "모임을 할 때 함께 하자고 말해봤어요?"라고 다시 묻자 "아니요. 예전에 한 번 말을 건넸더니 밤에는 할 일이 있어서 못 온다고 하더라고요. 계속 권유하면 불편해할 것 같아서 그때부터는 삼가고 있어요."

그 여성에게 주변 사람들의 이런 반응을 이야기했더니, 마침 그날 밤에 용무가 있어서 '밤에는 할 일이 있다'라고 대답했던 거란다. 다른 사람들에게 미움 받고 있다는 것은 그저 쓸데없는 걱정일 뿐이었다. 주변 사람들은 노력하는 그녀를 존경하고, 그녀가 그처럼 노력하는 것을 방해해서는 안 된다며 오히려 조심하고 있었다. 이렇게 사정을 알면 자신이 생각했던 것이 사실과 다르다는 것을 알게 되는 경우가 의외로 많다.

"사람들과 잘 어울리지 못하는 것이 콤플렉스예요."라고 하는 사람도 아마 스스로 그렇게 단정했을 것이다. 내 병원에도 예전에 기술적으로는 흠잡을 데가 없지만 더듬거리는 말투 때문에 환자와 능숙하게 커뮤니케이션하지 못하는 의사가 있었다.

그가 "어떻게 하면 환자와 좀 더 능숙하게 소통할 수 있을까요?"라고 진지하게 상담을 해온 것을 보면 본인도 커뮤니케이션이 서툴다는 것은 자각하고 있었다. 하지만 실제로는 그 의사를 담당의로 택한 환자가 매우 많았다. 더듬거리는 말투가 오히려 성실한 인상을 준 것이다.

능숙한 일, 서툰 일, 잘하는 일, 못하는 일은 누구에게나 있다. 그때마다 콤플렉스에 빠지면 사람이 콤플렉스 덩어리가 되어 몸과 마음이 버티지 못한다. 앞에서 콤플렉스는 자신감과 완전히 반대에 있다고 했지만, **자신감과 콤플렉스의 뿌리는 같다**고 볼 수 있다. 어느 쪽이나 자신이 멋대로 그려낸 셀프이미지다. 자신감도 자기 마음대로 생각해서 가지는 것처럼 콤플렉스도 자기 마음대로 콤플렉스가 아니라고 생각하면 그 순간 사라진다. 콤플렉스는 그 정도로 근거가 없다. 그러니 **근거가 없는 믿음에 휘둘릴 필요는 없다.**

콤플렉스에서 벗어나고 싶다면 콤플렉스라고 생각하는 것을 일부러 무시해보자. '모두가 나를 싫어해. 모임에 끼워주지 않아'라고 생각하지 말고 "오늘 모임이 있다면서요? 저도 끼워주세요."라고 서글서글한 목소리로 밝게 말을 걸면 된다.

"물론 대환영이에요. 어서 와요."

내가 콤플렉스라고 믿고 얽매이면 상대방에게도 그것이 전해진다. 내가 먼저 마음에 응어리를 버리고 적극적으로 접근하면 상대의 대응도 확 바뀌는 경우가 많다. 분명히 이렇게만 해도 문제가 잘 해결될 것이다.

1%의 사람이 되려면

콤플렉스는 잘못된 믿음이라고 생각하라

잘 풀리는 1%의 사람은

**자신이 유일무이한 존재임을
알고 있다**

안 풀리는 99%의 사람은

**자신의 존재 가치에
자신이 없다**

사람은 한없이 약한 존재이기도 하다. 있는 힘껏 자신감을 가지려고 하고 콤플렉스에서 벗어나려고 해도 주변에서 무시당하거나 아무도 말을 걸어주지 않는다면 어떨까? 그런 생각을 하기만 해도 쓸쓸하고, 괴로움에 가슴이 죄어온다. 그럴 때는 이것이 일시적인 일이며, 이런 상태가 길게 지속될 리 없다고 생각하자.

사람에게는 바이오리듬이 있다. 바이오리듬은 큰 주기, 작은 주기, 다양한 주기로 그 파동이 반복된다. 인생에서 **잘 풀릴 때도 있고, 조금씩 어긋나서 아무리 해도**

안 풀릴 때도 있는 것은 바이오리듬의 영향도 있다.

잘 안 풀릴 때는 그 상태가 한없이 이어질 것 같아서 '평생 쓸쓸하게 살아야 할지도 몰라', '아무도 말을 걸어주지 않아. 나는 존재 의미가 없는 사람인 건가'라고 생각한다. 이런 생각은 점점 악순환을 거듭하게 된다.

하지만 이 세상에 존재 의미가 없는 사람은 없다. 나는 내가 부처와 똑같은 가치를 지니고 태어났다고 생각한다. 나만이 아니라 모든 사람이 그렇다. 부처는 태어나자마자 우뚝 서서 천상천하 유아독존(天上天下 唯我獨尊)이라고 외쳤다고 전해진다. 천상천하 유아독존이란 '나는 이 세상에 유일한 존재'라는 의미다.

사실 모든 사람이 천상천하 유아독존이다. 사람은 누구 하나 똑같은 사람이 없다. 인류 역사를 통틀어 모두가 다 유일무이한 존재다. 그만큼 희소한 개개인이 아무 가치도 없다거나 쓸모가 없을 리 없다.

나는 특정 신의 존재를 믿지는 않지만, 어떤 위대한 존재가 있다는 것은 감각적으로 파악하고 있다. 그 존

재를 신이라고 한다면 그 위대한 존재가 한 사람 한 사
람의 인간에게 아무 가치도 부여하지 않았다고는 생각
할 수 없다.

나 자신은 이 세상에서 단 하나뿐인 인간이다. 인류의
길고 긴 역사를 통틀어 봐도 단 한 명뿐이다. 그렇게 생각
하면 자신이 얼마나 소중한 존재인지 알 수 있다. 또한 무

한한 희소가치가 있는 존재라는 자각과 함께 깊은 만족감이 솟아날 것이다. 인생이 잘 풀리는 사람은 모두가 다 항상 그런 자각과 만족감을 마음에 안고 살아간다.

현재 상황에 만족하고 있으면 의욕적으로 발전하려고 행동하지 못하며, 현재 상황에 불만이 있어야 의욕이 분출되리라 생각하는 사람도 많다. 그러나 생각과 행동의 법칙성을 알면 현재 상황을 부정해서는 의욕과 행동이 좋은 방향으로 작용하지 않는다는 것을 알 수 있다. 항상 자신에 대한 긍정적인 생각이 시작점이라는 사실을 잊지 말자.

1%의 사람이 되려면

자신의 희소가치를 깨닫자

TIME MANAGEMENT

1%의 시간관리법

TIME MANAGEMENT

09 - 17

잘 풀리는 1%의 사람은

시간이 유한하다는 것을
강하게 의식한다

안 풀리는 99%의 사람은

시간이 무한하다고
착각한다

자신에게 주어진 것 중에서 가장 가치 있는 것은 무엇일까? 그것을 인식하는 방식에 따라 인생의 수준이 결정된다. 그래서 나는 '가장 가치 있는 것은 시간이다. 가장 소중히 해야 할 것은 시간이다'라는 생각을 중요시하면서 살고 있다. 지금 이 책을 읽고 있는 사이에도 시간은 흐른다. 그 시간을 어떻게 붙잡아서 의미 있는 시간으로 만들 것인가? 시간을 상대하는 방법이 모든 것을 정한다.

"시간이 이렇게나 중요한데, 멍하니 있으면 자기 시

간을 다른 사람에게 빼앗길 수도 있어요. 그것도 꽤 빈번하게."라고 하는 사람도 많다. 그러나 **더 심각한 시간 도둑은 자기 내면에 숨어 있다.**

예를 들어 오늘 일찌감치 집에 돌아가서 느긋하게 목욕을 즐기려고 마음먹었다고 하자. 좋아하는 향기의 입욕제까지 샀는데 회사를 나오자마자 회사 동기를 딱 마주쳤다. 그가 "급하게 술자리가 열렸는데, 같이 갈래?"라고 말을 건네면 '오늘은 빨리 가서 목욕하고 싶은데'라는 생각이 뇌리를 스치고 지나가면서도 무심코 합류하고 만다.

그런 뒤에 집에 돌아오면 '또 이렇게 됐어. 사람들이 날 찾으니까 어쩔 수 없이 가긴 갔는데 피곤하네'라며 기분이 별로 좋지 않을 것이다. 사실은 가고 싶지 않았는데 권유받은 대로 술자리에 참석하고 말았다. 하지만 시간을 그렇게 쓰기로 선택한 것은 다른 누구도 아닌 자기 자신이다. 시간 도둑의 진짜 범인은 자신인 것이다.

회사 일이나 집안일 등 사람에게는 해야 할 일이 산

더미처럼 쌓여 있다. 그 일을 처리하고 남은 자유 시간
에는 한층 더 귀중한 가치가 있다. 이 시간은 무엇보다
도 자신이 하고 싶은 일, 계획한 일에 사용하는 습관을
들여야 한다.

우리가 인생을 살아갈 때 **자신의 생각과 반대로 시간
을 쓰는 것은 인생을 배신하는 행위**라고 할 정도로 스스
로 엄격하게 시간에 대한 가치관을 정립해놓는 것이 적
절하다. 다시는 돌아오지 않는 매 순간을 100% 자신의
생각대로 사용하자. 이것이 더할 나위 없이 소중한 시
간을 존중하는 자세다.

개인적인 이야기지만, 얼마 전 아버지가 돌아가셨
다. 심장 고동이 멈추며 아버지의 인생의 시간이 멈춘

그 순간, 나는 지금까지 경험해본 적 없는 깊은 감개에 빠졌다. 깊은 슬픔이 복받침과 동시에 아버지가 나에게 커다란 가르침을 보여주신 것 같았다.

한 사람에게 주어진 시간은 엄격하게 유한하다. 인생의 길이는 각자가 다 다르지만, 그 누구의 시간도 언젠가는 멈춘다. 가진 시간이 제로가 되는 순간이 확실하게 온다. 최후의 시간을 다 쓴 아버지에게 그런 말이 들려오는 듯했다.

시간의 일각은 생명의 일각이다. 그러니 매 순간의 가치를 음미하며 진지한 자세로 시간을 마주하자. 어떤 경우에도 자신이 하고 싶다고 진심으로 바라는 일을 최우선으로 하면서 시간을 사용하자.

1%의 사람이 되려면

시간을 생명이라고 생각하며 소중히 사용하라

잘 풀리는 1%의 사람은

**지금 최우선으로 해야 할 일이
매우 명확하다**

안 풀리는 99%의 사람은

**이것도 저것도 하려고 해서
스트레스가 쌓인다**

우리 주변에는 하고 싶은 일, 해야 할 일이 잔뜩 쌓여 있는데 시간이 부족하다는 사람이 많다. 그런 사람들은 시간이 있으면 좀 더 만족스러운 일을 할 수 있을 것이라고 여긴다. 공부를 하거나 가족과 친구와 더 즐겁게 보내려면 시간이 필요하다고 한다. **일단 시간이 너무 부족하다는 것이다.**

심한 말이지만, **그렇게 생각하는 동안에는 아무리 시간이 흘러도 똑같이 변명하고, 똑같이 한숨지을 것이다.** 나는 인생에서 성공했다고 할 수 있는 사람들에게 시간이 부족하다는 한탄을 들은 적이 없다. 그들은 눈코 뜰 새 없이 바쁘지만, 누구 하나 시간에 쫓기고 있다는 느낌은 없었다. 시간의 질을 높여 사용하고 있기 때문이다. 하루 24시간이라는 시간은 질을 높이기에 따라 유한의 속박에서 벗어나 무한이라고 해도 될 정도로 그 가치를 확대할 수 있다.

시간의 질을 높이려면 시간을 어디에 쓸지 우선순위를 정해야 한다. 매일 이것도 저것도 다 하는 것은 당연히 불가능하므로 무슨 일부터 해야 좋을지 끊임없이 마음이 흔들린다. 이 상태로는 시간의 질이 떨어지는 한편, 항상 마음에 불안과 불만이 요동친다.

우선순위를 정해두면 긴급한 일이 발생하거나 예상치 못한 사정이 생겨도 망설임 없이 자신이 먼저 해야 할 행동을 선택할 수 있다. 예를 들어 자신이 새롭게 뚫고 싶은 큰 거래처가 있었는데 학창 시절 때 친구에게서 그 거래처를 소개해주겠다는 연락을 받았다. 친구는 "이날 오후 1시 어때?"라고 일시까지 지정해주었

다. 그런데 그날은 공부 모임에 참가하기로 되어 있다. 이럴 때 지금은 기술 향상을 위한 공부가 최우선이라고 정해두면 다음과 같이 바로 답할 수 있다.

"정말 미안해. 그날은 이전부터 신청해둔 세미나와 일정이 겹쳐서 말이야. 내 마음대로 하는 것 같지만, 자주 있는 세미나가 아니라서 이번에는 세미나에 참가하고 싶어. 가능하면 일정을 다른 날로 잡을 수 있을까?"

이런 망설임 없는 자세를 보이면 상대도 기분 나쁘게 받아들이지 않는다. 거래처를 소개받을 기회는 반드시 머지않아 또 있을 것이다.

내가 만난 성공한 사람들은 항상 최우선으로 해야 일을 명확히 의식하고, 그 일에 집중해서 시간을 사용하고 있었다. 그 결과 시간의 가치를 최고로 높이고, **시간이 부족하다는 불만이 파고들 틈이 완전히 사라지는 것이다.**

1%의 사람이 되려면

최우선으로 할 일에 집중해서
시간을 사용하라

잘 풀리는 1%의 사람은

**시간은 살 수 있으며,
비싸지 않다고 생각한다**

안 풀리는 99%의 사람은

시간을 산다는 발상이 없다

—

시간은 살 수도 있다. 무조건 자신이 해야 하는 일이 아니라면 각 분야의 전문가에게 맡기는 것이다. 이것은 내가 시간을 만들어내기 위해 사용하는 방법이다. 가령 내 클리닉에는 우수한 의사가 있으므로 내가 도쿄나 외국에 나갈 때도 진료 체계가 흔들리지 않는다. 또한 이동하는 데에 쓸 티켓을 준비하거나 세무를 처리하는 일은 나보다 그 영역에 뛰어난 사람에게 맡긴다. 이런 사람을 나는 **파워 파트너**라고 부른다. **시간은 파워 파트너의 수가 늘어나는 만큼 확대된다.** 파워 파트너가 두 사람

있으면 나까지 더해서 1시간을 3배로 확대해서 사용하게 된다.

"다른 사람에게 부탁하면 그만큼 비용이 들지 않나요?"라는 질문도 자주 받는다. 그것은 당연하다. 상응하는 대가를 내고 상대의 시간을 산다. 아니, 시간을 받는 것이다.

시간을 살 여유가 없다고 말하고 싶은 사람도 있을 것이다. 하지만 비용의 효율을 따져보면 어떨까? 시간은 단 1초라도 재생할 수 없다. 따라서 시간은 더없이 귀중하고 가치가 있다. 그런데 값을 매길 수 없는 시간을 일정 비용으로 살 수 있다. **이런 사실을 깨달으면 시간을 사는 것이 가장 효율적으로 돈을 쓰는 길이라는 생각으로 바뀔 것이다.** 파워 파트너는 모두 각 영역의 전문가이므로 나보다 훨씬 효율적으로 일을 처리해준다. 따라서 전문가에게 내는 돈은 결코 비싸다고 할 수 없다.

이동 시간을 단축하는 데에 비용을 들이는 사람도 있다. 이는 시간을 사는 또 다른 방법이다. 내가 아는 어

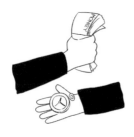

느 선생은 출퇴근할 때 고속도로를 이용한다. 매일 왕복하면서 내는 고속도로 요금은 적지 않은 부담일 것이다. 하지만 그는 단호히 말했다.

"하지만 공중에 뜨는 시간을 돈으로 산다고 생각하면 아주 싸다고 말할 수 있을 정도예요."

이와 비슷하게 여행지에서 계속 택시를 이용하는 지인도 있다.

"버스를 기다리거나 길에서 헤매는 시간이 아까워요. 비싼 비행기 요금이나 열차 요금을 들여서 여행지까지 갔는데 말이에요. 여행을 만끽하기 위한 택시 요금은 아깝지 않아요."

이처럼 시간을 사는 방법은 다양하다. 자기 식대로 변형하면 된다. **돈은 일하면 또 벌 수 있지만, 지나간 시간은 다시는 손에 넣을 수 없다.** 그러니 시간을 돈으로 산다는 발상도 해보자.

1%의 사람이 되려면
시간에 적극적으로 돈을 투자하라

잘 풀리는 1%의 사람은

**아침의 청정한 시간을
중요하게 여긴다**

안 풀리는 99%의 사람은

**매일 아침 시간에 쫓겨서
허덕인다**

아침은 어느 때보다 잠재력으로 가득 찬 시간대다. 그 대단한 힘을 받아들이면 자신의 잠재력도 부쩍부쩍 높아진다. 나는 매일 아침 그것을 실감한다.

나는 아침 6시에 일어난다. 아무리 바쁘더라도, 오히려 바쁘면 바쁠수록 아침에 조용히 보내는 시간을 꼭 만들려고 한다. **아침 공기에는 영적인 기운이라고 할 만큼 맑고 깨끗한 생명 에너지가 넘쳐흐르는 것이 강하게 느껴지기 때문이다.** 아침 시간에는 계절마다 다르지만 곧 동쪽 하늘이 밝게 빛나오고, 점차 온 하늘이 황금색으로 물들어간다. 마침내 새로운 하루가 열리는 것이다.

청정한 아침 시간에 푹 빠져 있으면 **시간에도 신선도와 피로감이 있음이 모든 오감을 통해 느껴진다. 아침, 점심 그리고 밤으로 하루의 시간이 흘러가면서 시간도 정체되고, 탁해지고, 피로가 배어 나온다.** 아침에는 마음을 채우는 생각이 저절로 펼쳐지는데, 밤늦게 피곤이 몰려올 때는 똑같은 생각을 떠올려도 좀처럼 흡수되지 않는 것은 이 때문일 것이다.

아침 일찍 새로운 일을 시작해보자. 인생을 좌우할 만큼 큰일이 있는 날은 평소보다 일찍 일어나 청정한 아침 시간에 첫걸음을 내딛도록 하자.

요란한 자명종 시계 소리에 마지못해 일어나 비몽사몽 중에 집을 뛰쳐나오지 않는가? 그 상태로 출퇴근 시간의 붐비는 전철에 몸을 실으면 온몸의 정기가 다 빠져나가는 기분이다. 하루를 이런 식으로 시작하면 아침부터 커다란 핸디캡을 짊어지는 것과 같다. **이렇게 아침을 시작하는 방식에서 비롯된 차이는 온종일 이어지고, 일주**

일, 한 달, 일 년이 지날수록 더욱 쌓여서 압도적으로 벌어진다.

나는 기상 후 30분 정도는 아무것도 하지 않고 일부러 멍하니 시간을 보낸다. 홋카이도의 아침은 여름에도 서늘해서 기분이 좋다. 맑고 깨끗한 공기를 가슴 가득 들이마시고, 그때부터 가볍게 스트레칭을 해서 몸과 뇌세포를 기분 좋게 자극한다. 이렇게 세포를 하나하나 느긋하게 깨운다.

원고를 집필하거나 출간할 책을 교정하는 등 집중력이 필요한 작업도 아침에 처리하면 놀랄 정도로 정밀도가 높아진다. 전화 소리나 직원의 목소리에 집중력이 흐트러지지 않으므로 어느 때보다 몰입할 수 있다. 오래된 명언 중에도 **'아침의 짧은 시간은 오후의 수만 시간에 필적한다'**라는 말이 있지 않은가.

1%의 사람이 되려면
지금보다 30분 일찍 일어나라

잘 풀리는 1%의 사람은

적당히 스케줄을 짠다

안 풀리는 99%의 사람은

시간 관리 의식이
넘치거나 부족하다

—

시간은 눈에 보이지 않고 귀에도 들리지 않은 채로 점점 흘러간다. 그래서 문득 정신이 들면 "앗, 벌써 시간이 이렇게 됐어?"라고 놀라는 일이 종종 있다. 시간은 실체가 없는 것 같지만 분명히 존재한다. 그렇다고 붙잡거나 되돌릴 수 있는 것은 아니다. 그처럼 난해한 시간을 잘 다루려면 능숙하게 시간을 관리해야 한다.

"선생님은 몸이 몇 개나 있으세요? 치과 일로도 바쁜데 일을 이만큼 하시다니 믿을 수가 없네요. 분명히 빈틈없이 시간을 관리하고 계시죠?"

나는 이런 말을 종종 듣는다. 그러나 나는 의외로 시간을 느슨하게 관리하는 편이다. 다른 사람과 만나는 일정, 세미나 시작 시간 등 **핵심적인 일정을 정하고 나면 나머지는 흘러가는 대로 일정을 파악해두기만 할 뿐이다. 어처구니없을 정도로 느슨하게 시간을 관리하고 있는데, 오히려 이렇게 하는 편이 결과적으로 더 많은 일정을 소화할 수 있다.**

치과에는 접수나 보조업무를 맡아서 하는 직원이 있지만, 심리치료사로 활동할 때나 강연, 세미나 등은 항상 혼자 간다. 비서도 동행하지 않고 보조해주는 직원도 없다. 게다가 집이나 사무실에서가 아니라 도쿄의 호텔을 거점으로 두고 이곳저곳 다니기 때문에 홋카이도에서 출발할 때부터 자료를 준비하고 강연 수만큼의 복장도 준비해야 한다. 도쿄의 호텔에서는 그날의 일정에 필요한 물품을 잊지 않고 모두 가방에 넣는다. 그때부터 버리는 시간이 없도록 차량 정체를 예상하면서 배차를 의뢰해 호텔을 나온다. 이런 매니지먼트도 모두 혼자 소화한다.

이렇게 바쁜 일정을 스스로 완수하면서 느슨하게 시간을 관리하는 편이 오히려 효율적이라는 것을 알게 되었다. 자유 재량도가 높으면 시간에 자유도가 생기고 그만큼 가동성이 넓어져 같은 시간 내에 더 많은 일을 처리할 가능성이 커진다.

내가 하고 있는 시간 관리를 설명하자면, 오전 중에 A와 B를 처리하고 그사이에 심리 상담을 진행한다. 오후 2시에 새로운 출간 계획에 대해 ○○씨와 호텔 라운지에서 미팅을 한다. 그 후 저녁까지 비는 시간에 쇼핑을 하고 6시부터 세미나에 간다. 이런 식으로 시간이 정해진 일정은 두세 개로 한정하고 나머지는 흐르는 대로 진행해가는 스타일이다.

도중에 급히 일정의 순번을 바꿔서 내일 일정을 앞당겨서 처리하는 경우도 있다. 얼핏 엉망으로 보이지만 경험상 바쁜 일정을 가장 확실히 처리하는 시간 관리법으로 애용하고 있다. 약속 상대가 있는 일정처럼 정해

진 스케줄을 마무리하고 나면 그날의 남은 일정은 그날 안에 아무 때나 완수하면 된다. 만약 도중에 일정이 예정대로 가지 않으면 다른 B의 용건을 먼저 처리하는 식으로 순서를 바꾼다. 이렇게 융통성이 생기면 초조하거나 당황할 일이 없다.

이처럼 느슨하게 시간 관리를 하면 시간에 쫓겨 궁지에 몰리는 일이 없어서 정신적인 부담도 적고 여유도 잃지 않을 수 있다. 기분 좋게 다음 일정을 소화할 수 있으므로 결과적으로 바쁜 일정도 아주 편안한 마음으로 처리할 수 있다.

시간 관리가 중요하다고 하면 학창 시절의 수업 시간표를 떠올리는 사람도 있을 것이다. 아니면 요일과 시간을 세로축, 가로축으로 설정하고 바둑판을 그린 뒤 그 위에 일정을 빽빽이 채우는 사람도 있다. 이것은 꽤 착실하고 완벽한 시간 관리처럼 보이지만, 이렇게 쉴 틈 없이 시간을 관리해서 제대로 돌아가는 것은 무인공장의 자동화 기기 정도일 것이다. 사람은 기계도, 자동

화 기기도 아니다. 인간은 살아 있는 몸에, 쉽게 불안정

해지는 정신을 갖고 있음을 잊어서는 안 된다.

불안정한 마음은 느긋하고 여유 있는 환경에서 흔들

릴 여유가 있어야 오히려 안정된다. 생리적으로도 인

정받은 이 공식은 사람의 마음을 관리하는 데에도 최적

이다.

1%의 사람이 되려면
시간을 일부러 느슨하게 관리하라

잘 풀리는 1%의 사람은

**계획을 세우면 바로
실행한다**

안 풀리는 99%의 사람은

**계획을 수정하기만 할 뿐
실행하지 않는다**

주변의 기대를 한데 모으는 중요한 일이나 실패가 허용되지 않는 인생의 고비를 만날 때 우리는 시간을 충분히 들여 준비하고 싶어 한다. 그런데 이 생각이 의외로 함정이 된다. **준비에 드는 시간과 성과가 반드시 비례한다고 할 수 없기 때문이다. 오히려 반비례하는 경우가 많을 정도다.**

신중하게 일에 착수하려고 한 나머지, 준비에 준비를 거듭하면서 시간을 들이면 결과적으로 몇 번이나 반복해서 계획안을 수정하게 된다. 그때마다 실패하고 싶지 않고, 반드시 성공하고 싶다는 생각이 점점 커져서 계획 단계에서 수정만을 반복하게 된다. 이렇게 **계획을 주무르는 동안에 처음에 떠오른 반짝이는 아이디어나 날카로운 계획을 스스로 마모시키는 경우가 많다.**

참치 회를 써는 장면을 떠올려보자. 한 번에 싹 자른 부위는 단면에 윤기가 흘러서 보기만 해도 군침이 돈다. 물론 회를 써는 것은 신중해야 하지만, 시간을 지나치게 들여서 자르면 단면에 광택이 사라져 모처럼 준비한 참치 회가 별로 맛있어 보이지 않는다.

아무리 만반의 준비를 해도 완벽한 계획을 얻을 수는 없다. 설령 계획을 완벽하게 정리했다고 해도 계획대로 진행되는 일은 없다. 준비에만 시간을 들이는 것은 아이를 떠나보내지 못하는 부모와 비슷하다. 나도 부모이므로 그 심정은 잘 알지만, 지나치게 노력을 들인다고 좋은 결과가 나오는 것은 아니다.

어떤 일이라도 PDCA(Plan, Do, Check, Act) 사이클로 진행한다는 사고방식을 행동 지침으로 삼자. 계획은 매사의 일부에 지나지 않는다. 계획, 준비 다음에는 Do, Check, Act로 해야 할 일이 아직 세 과정이나 있다. 중요한 것은 PDCA의 모든 사이클을 진행해야 비로소 일이 완결된다는 인식이다. 이 모든 과정을 내다보면 준비에 들여야 할 시간도 대강 짐작이 될 것이다.

나는 계획의 70%가 굳어지면 행동으로 옮기려고 한다. 이 기민함이 계획의 날카로운 부분을 잃지 않고 일을 제대로 진행하는 열쇠가 되어준다.

준비에 시간을 지나치게 들이는 것에는 다른 커다란 문제도 잠재되어 있다. 사람에게는 어떤 일이든 좀 더 발전시키려는 강한 욕망이 있다. 이것이 긍정적으로 작용하는 동안에는 상관없지만, 발전하고 싶다는 욕망이 과도해지면 부정적인 쪽으로 흘러간다.

그러면 **현 상황을 '좀 더 나아지고 싶다=지금 계획은 아직 형편없다'고 인식해서 강한 자기 부정으로 이어진다. 그 결과 의욕이 한없이 바닥으로 내려앉는다.** 어떤 문제를 놓고 이야기가 장황하게 길어지면 어떻게 되든 상관없다는 기분이 들 때가 있는데, 딱 그 상태라고 할 수 있다. 이렇게 되면 가라앉은 기분이 쉽게 회복되지 않는다.

사람은 생각하는 동물이면서 동시에 행동하는 동물이다. 준비 단계는 생각의 단계이고, 그다음에 행동으로 옮겨야 비로소 보람과 진짜 만족감이 생겨난다. 생각만으로는 결과에 도달할 수 없다. 결과는 행동을 해야만 얻을 수 있다. 준비는 어디까지나 결과를 창출하기 위한 하나의 과정이다. 회사 일이든 개인적인 일이든 오랫동안 품고 있는 계획이 있다면 슬슬 준비 단계에서 벗어나 행동 단계로 진행해야 하지 않을까?

1%의 사람이 되려면

준비에 시간을 지나치게 들이지 않는다

잘 풀리는 1%의 사람은

**어떤 기분으로 살아가는지가
중요하다**

안 풀리는 99%의 사람은

**일의 내용으로만
시간의 가치를 판단한다**

시간을 헛되이 쓰지 않으려면 노는 시간과 멍하니 보내는 시간을 없애야 한다고 스스로 다짐하고 있지 않은가? 이것은 큰 착각이다. 가장 쓸모없는 시간이란 싫어하는 일에 시간을 쓰거나, 하고 싶지 않은 일을 꾹 참고 하는 것처럼 나중에 후회하는 시간이다. 예를 들어 **게임에 열중해도, 경마나 마작에 푹 빠져도, 그냥 자느라 시간을 보내도 그 시간이 편안하고 상쾌했다면 결코 쓸데없이 시간을 보냈다고 할 수 없다.**

마음과 행동의 법칙성을 바탕으로 생각하면 좋은 기

분으로 보내는 시간은 아무리 쓸데없는 일을 하고 있어도 의미가 있다. 반대로 힘들다, 괴롭다고 생각하면서 보낸 시간은 어떤 훌륭한 일을 하고 있어도 자신에게는 헛된 시간이다. 헛된 것이 지나친 표현이라면 무의미한 시간이라고 말하겠다. 괴로움의 정도에 따라서는 마이너스의 시간, 가능한 한 없애고 싶은 시간이 될 것이다.

자기도 모르게 만취할 정도로 술을 마시거나 노래방에서 시간을 대폭 연장해서 노래를 부르고 난 뒤 "아, 나는 정말 한심해."라고 자책하지 말자. 자책하는 순간, 그 시간은 쓸모없는 시간이 되기 때문이다. 그럴 때

는 '뭐 가끔은 괜찮지', '때로는 이런 시간도 필요한 거야'라고 생각하면 된다. 생각을 바꾸면 그 순간은 단숨에 의미 있는 시간으로 전환된다.

시간을 편히 썼다고 자책하지 마라

잘 풀리는 1%의 사람은

책은 다른 사람의 눈을
빌려서 읽는다

안 풀리는 99%의 사람은

책은 시간이 없어서
읽지 않는다

한 권의 책에는 저자가 오랫동안 연구한 지식과 풍부한 인생 경험이 가득 담겨 있다. 게다가 **책은 지극히 합리적이다.** 훌륭한 책을 만났을 때 나는 이런 지적 재산을 이 정도의 가격에 살 수 있다는 사실에 종종 감동하곤 한다.

그런데 사람들에게 책을 읽지 않는 이유를 물으면 '시간이 없다'라고 답하는 사람이 가장 많다. '서점에 가도 어떤 책을 골라야 할지 몰라서'라는 목소리도 들려온다. 이 고민에는 나도 완전히 동감한다. 훌륭한 책일수록 시간 가는 줄 모르고 읽게 되어 다른 일정까지 잡아먹는 일도 자주 있기 때문이다.

나도 서점에 가면 읽고 싶은 책이 잇달아 눈에 들어와서 무엇을 골라야 할지 망설일 때가 많다. 그렇게 눈에 띄게 구매 욕구를 부르는 책들은 다 인연이라고 생각해서 가급적 구매하는 편이다. 그러다 보니 다 읽을 시간이 없어서 구매해놓은 책들이 점점 쌓여가는 모습을 보면 조금 압박이 된다. 더구나 신간은 매일 꾸준히 발매된다. 평생 한 사람이 읽을 수 있는 책은 몇 권 정도일까? 마구잡이로 읽는다고 해도 읽을 수 있는 책의 양은 상당히 한정될 것이다.

그래서 내가 고안해낸 독서법은 **다른 사람의 눈도 빌려서 읽는 방법이다. 구체적으로 누군가가 '이 책이 좋다'라고 하는 책, 신문이나 잡지 등의 서평에서 소개한 책 등을 참고로 해서 읽을 책의 범위를 좁히는 것이다.**

신간 중에서 일독할 가치가 있는 책을 골라 그 내용을 요약해서 보내주는 서적 소개 정보지도 있다. 이렇

게 먼저 다른 사람의 눈을 통해 읽은 뒤 대강 선택한 후
보 중에서 내 눈과 감각으로 정말 읽어야 할 책을 골라
낸다.

속독과 빨리 듣기도 적극적으로 도입할 만한 독서법
이다. 나도 속독법에 도전한 적이 있는데, 아무래도 빨
리 듣기가 나에게 더 잘 맞았다. 그래서 오비히로와 도
쿄를 왕복하는 이동 시간에는 대개 이어폰을 귀에 꽂고
오디오북을 듣는다. 최근에는 오디오북의 상품 구색도
꽤 충실해졌다. 그것을 3~4배속으로 들으면서 내용을
파악한다. 다소 비용이 들지만, 이것도 시간을 사는 일
의 연장선상이라고 생각하면 된다.

1%의 사람이 되려면

책의 안내자를 곁에 두어라

잘 풀리는 1%의 사람은

**일부러 혼자만의 시간을
만든다**

안 풀리는 99%의 사람은

**자신과 마주하는
시간이 없다**

시간은 엄밀하게 자기만의 것인데, 다른 사람의 시간과 나의 시간 사이에는 확실한 경계가 없다. 더구나 간단히 서로의 시간을 침범할 수 있다. 이것도 시간의 특징이다. 일반적으로 시간의 80%는 순수하게 자기만의 시간이 아니라 다른 사람의 형편에 이끌려 마음대로 사용할 수 없는 시간이 아닐까?

"저는 깨어 있는 동안에는 다른 사람을 위해 시간을 보내고 있어요. 편안한 시간은 잠잘 때뿐이에요."

육아 중인 부모나 병간호 중인 사람은 이런 속마음을

털어놓기도 한다. 하지만 다른 사람의 형편에 맞추어 거의 모든 시간을 보내고 있다면, **하루에 30분이라도 좋으니 자신과 마주하는 혼자만의 시간을 반드시 마련해보자.**

요즘은 확실히 마음을 먹지 않으면 혼자가 될 수 없는 시대다. 인터넷을 사이에 두고 끊임없이 누군가와 연결되어 있기 때문이다. 그렇지 않으면 뭔가 불안하고 쓸쓸하다는 사람이 많아지고 있다.

이것은 극히 위험한 징조다. 이렇게 항상 다른 사람과 연결되어 있으면 어떻게든 다른 사람의 영향을 받는다. 그러면 점차 자기 자신과 마주하지 못하게 되어 정신적인 자립이 위태로워진다. 일부러 혼자만의 시간을 만들어 자기 자신과 확실히 마주해야 사소한 일로는 흔들리지 않는 강인한 정신을 지킬 수 있다.

성격이 부드러운 사람, 사람이 좋다는 말을 자주 듣는 사람은 특히 신경 써야 한다. 누군가가 말을 걸면 "일부러 초대해주었는데 거절해서 미안해."라고 거절하지 못하기 때문이다.

"시간 좀 있어?"

"어, 잠깐 정도는."

그렇게 말하고 술을 마시기 시작했지만, 정신이 들면 2시간, 3시간이나 지나 있다. 그런 경험은 누구라도 있을 것이다. 하지만 매번 그렇다면 사람이 지나치게 좋은 것이다. 사실 정확하게 말하자면 다른 사람에게 지나치게 끌려다니는 사람이다. 그러니 두 번에 한 번은 단호하게 거절해서 자신의 시간을 확보하기 바란다.

성공한 사람 중에는 매일 아침 명상의 시간을 보내며 좌선(坐禪)을 하는 등 혼자만의 세계에 빠지는 것을 중요하게 여기는 사람이 적지 않다. 나는 매주 주말을 도쿄에서 보내고 있다. 호텔에서 지내는 아침과 밤은 완벽하게 혼자다. 다행히 나는 술을 마시지 않아서 밤 시간을 허송세월하는 일도 없다.

고향 홋카이도를 떠나서 보내는 혼자만의 시간. 그럴 때 나는 자주 나만의 세계에 깊게 파고들어 생각한다. 이런 혼자만의 시간이 없었다면 지금처럼 많은 일을 순조롭게 진행하는 상황은 실현 불가능했을지도 모른다.

1%의 사람이 되려면

하루 30분,
혼자만의 시간을 보내라

WORK

1%의 일 처리

3

WORK

18 - 23

잘 풀리는 1%의 사람은

**열심히 하겠다는 말을
쓰지 않는다**

안 풀리는 99%의 사람은

**열심히 하겠다는 말을
자주 입에 올린다**

스포츠 선수가 전국 대회나 국제 시합에 출전하는 상황을 떠올려보자. 굳은 결심을 보여줄 때 언제나 "열심히 하겠습니다. 응원 부탁드립니다."라고 말한다. 하지만 그렇게 말하고도 실력을 전부 선보이지 못해서 성과가 나오지 않을 때도 많다. 그것은 그런 각오가 마음을 어지럽히기 때문일 수도 있다. **"열심히 하겠습니다." "있는 힘을 다하겠습니다."라고 말하는 단계에서 목표가 달성된 듯한 마음이 드는 것이다.**

주변에도 무슨 일이 있을 때마다 "열심히 하겠습니

다!"라고 입버릇처럼 말하는 사람이 있지 않은가? 상사가 말을 걸 때마다 "네! 열심히 하겠습니다."라며 대답은 잘한다. 하지만 실제로는 어떤 행동도 뒤따르지 않는다.

"열심히 하겠습니다."라고 말하면서 어째서 행동은 바뀌지 않는 것일까? 나는 그 이유가 보인다. "열심히 하겠습니다."라는 말에는 무엇을 어떻게 열심히 하겠다는 건지 구체적인 메시지가 없기 때문이다.

생각을 바꾸면 행동이 바뀐다. 생각을 바꾸려면 말을 사용하는 것이 가장 좋다. 그렇게 이야기해온 것이 사실이다. 하지만 **행동을 바꾸기 위한 말은 구체적이지 않으면 행동으로 연결되지 않는다. 진심으로 열심히 하리라 생각한다면 무엇을 어떻게 열심히 할지 구체적인 메시지를 전달하도록 하자.**

무턱대고 열심히 하겠다는 것은 단순한 정신론이다. 행동으로 연결하고 싶다면 구체적으로 어떻게 하고 싶은지, 어떻게 할지 생각하자. 그것이 전달되었을 때 생각이 행동으로 전환되는 스위치에 불이 들어온다.

언어학적인 연구에 따르면 일본어에서 '열심히 한다
(頑張る)'의 어원은 꾹 참고 현재 상황을 유지한다는 말에
서 나왔다고 한다. 만약 유쾌함과 불쾌함을 세로축에,
활발함과 활발하지 않음을 가로축에 설정한 표 안에 '열
심히 한다'를 배치한다면 활발하면서 불쾌함의 영역에
들어갈 것이다.

**열심히 한다고 계속 말하면 자기도 모르는 사이에 불쾌
함을 불러오는 셈이다.** 이것도 의외의 사실이다. 그러
면 어떻게 말해야 할까? 예를 들어 열심히 한다는 말 대
신에 "저의 최고 기록을 목표로 하겠습니다." "입상하는
것이 목표입니다."라는 식으로 말하는 것이 좋다. 무엇
을 열심히 할지, 어느 정도의 수준을 목표로 하는지 구
체적으로 말해야 스위치에 불이 켜지는 결정타가 되기
때문이다.

"내일부터 다이어트를 열심히 하자."

"높은 토익 점수를 받기 위해 영어 공부에 전력을 다

할 거야!"

스스로 다짐할 때도, 다른 사람에게 말할 때도 이렇게 구체적으로 말하자. 그러면 결과가 눈에 띄게 바뀔 것이다.

무턱대고 열심히 하겠다고
말하지 마라

잘 풀리는 1%의 사람은

**하겠다고 마음먹으면
바로 행동한다**

안 풀리는 99%의 사람은

**하겠다고 생각하기만 하고
좀처럼 하지 않는다**

신선함과 활력이 없으면 생기와 설렘이 줄어들어 가치가 떨어진다. 이것은 생선 이야기가 아니라 일에 대한 이야기다. 그러니 하려고 정했다면 바로 하고, 누군가 "이것 좀 해주세요."라고 하면 바로 착수하는 민첩함과 기민함을 꼭 중요하게 여기자.

하겠다고 마음먹으면 바로 행동하는 사람은 마음의 에너지가 정체되는 일이 없다. 반면에 하겠다고 생각한 일이 있을 때 생각은 하지만 행동하기까지 시간이 걸리는 사람은 막상 일에 착수할 무렵에는 처음 생각했을 때의 설렘이 식는 경우가 많다.

"나중에 하자." "한가해지면 하자."라면서 행동을 뒤로 미루는 동안 의욕 자체가 둔감해진다. 그 결과 마음과 행동이 어긋나게 된다. 예를 들어 토요일 저녁에 "내일은 가방을 사러 나가야지."라고 들떠 있었다고 하자. 그런데 다음 날 아침에 텔레비전을 보면서 꾸물거리는 사이에 10시가 되고, 11시가 되었다. 정신이 들자 점심시간이 다 되고 말았다. 이렇게 되면 이제부터 화장하고 옷을 갈아입고 외출하는 것이 귀찮아진다. 결국 그날 외출은 집 앞 편의점에 다녀오는 것에 그치고 만다.

내 주변에도 일을 바로 처리하는 사람이 있고, "네, 알겠습니다."라고 대답은 하지만 쉽게 움직이려고 하지 않는 사람이 있다. 나는 일일이 주의를 주지 않지만, 한동안 조용히 지켜보면 곧바로 하는 사람과 그렇지 않은 사람 사이에는 점점 커다란 격차가 생긴다.

일을 부탁했을 때 "네."라는 대답과 동시에 바로 착수해주면 부탁하는 사람의 기분까지 좋아진다. 그러면

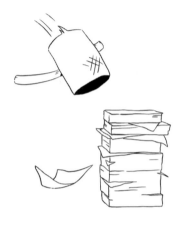

결과가 나오기 전부터 "역시 그에게 부탁하는 것이 정답이었어."라며 긍정적인 평가를 내리고 싶어진다.

시간상 여유가 없는 경우에는 "지금 ○○을 하고 있습니다. 앞으로 30분 정도에 끝날 것 같으니 그때 바로 처리하겠습니다."라고 답하자. '나중에'가 아니라 '30분 정도 후에'라고 구체적인 시간의 기준을 전달하는 것이 중요하다. 이렇게 대답하면 바로 일을 처리하는 것과 비슷하게 호감을 얻을 수 있다.

전표 처리 같은 잡무도 일 처리를 바로 하는 사람은 그때마다 재빨리 처리한다. 반면에 뒤로 미루는 사람은 무심코 '나중에 하자', '다음번에 정리하자'라고 생각한다. 그 결과 **하나하나는 작은 일인데 정신을 차렸을 때는 아주 커다란 덩어리가 되어 있기도 하다.** 그러면 그 일을 처리해야 한다고 생각하기만 해도 마음이 무거워진다. 조금 뒤로 미루는 것이 이런 어리석은 결과를 초래한다. 그러니 지금 당장 일을 바로 처리하는 성향으로 전향해보면 어떨까?

1%의 사람이 되려면

일은 바로 처리하라

WORK
20

잘 풀리는 1%의 사람은

**일은 즐기면서 하는 것이라고
생각한다**

안 풀리는 99%의 사람은

**일은 괴로운 것이라며
자포자기한다**

월요일만 되면 마음이 쿵 하고 무거워지지 않는가? 이것은 '아, 또 일해야 하는구나'라며 일을 고역이라고 생각하기 때문이다. 이런 날들이 정년까지 이어진다고 생각만 해도 눈앞이 캄캄해진다. 사회인이라면 하루의 태반을 업무 시간으로 보낸다. 그 시간이 즐거운 시간인지, 괴로운 시간인지에 따라 인생의 행복도가 크게 달라진다.

'그렇다고 해도 요즘 세상에 지금보다 나은 회사를 찾는 건 정말 힘들어. 가족도 있는데 내가 참고 일하는 수

밖에.'

이런 식으로 생각한다면 스스로 퇴로를 차단하고 패
전할 각오로 농성하는 것과 같다. 이런 경우에는 두 가
지 선택지가 있다. **하나는 각오하고 지금 일을 그만둔 뒤
이직을 목표로 하는 것이고, 다른 하나는 지금 하는 일을
지속하는 것이다.** 사실 이에 대한 대답은 이미 나와 있
다. 여러분은 오늘도 제대로 출근하지 않았는가? 그 사
실이 여러분이 선택한 답이다.

**소거법으로 선택했다고 해도 대답이 나왔다면 그것이
지금 자신에게 가장 알맞은 답이다.** 최선이라고 선택한
답이므로 어느 부분이든 지금 하는 일의 장점을 찾아냈
을 것이다. 그 좋은 점을 더 찾아내면 지금 하는 일에서
즐거운 요소, 마음을 채워주는 요소를 반드시 찾을 수
있을 것이다.

세미나에 참가한 어느 파견사원의 이야기를 예로 들
어보겠다. 그녀는 일에서 즐거움을 느끼지 못했다. 장
래의 꿈도, 희망도 없었다. 그런 상황에서 벗어나기 위

해 세미나에 참가했다고 한다. 내가 '매일 회사에 가는 것은 자신이 선택한 결과다'라고 이야기하자 그녀의 눈이 번쩍 뜨였다. 그래서 매일 회사에 가는 일에서 좋은 점이 무엇인지 골똘히 생각했고, 회사에 가면 자신의 책상이 있다는 것을 깨달았다.

자기만을 위해 준비된 장소가 있다는 것이 얼마나 행복한 일인가? 그렇게 깨달은 그녀는 자신의 책상을 좀 더 쾌적한 환경으로 바꾸기로 했다. 책상 환경을 개선한다고 해도 그녀가 한 것은 먼저 책상 주변을 말끔히 정돈한 일이었다. 그리고 볼펜이나 스테이플러 등의 사

무용품을 회사에서 지급해준 평범한 제품이 아니라 귀여운 디자인의 제품으로 사서 바꾸었다. 회사의 사무용품을 사용하면 자신의 지갑에서 돈이 나갈 일이 없지만, 자신의 돈을 사용해서라도 가능한 한 즐거운 환경에서 일하자고 마음먹은 것이다.

그녀에게 온 메일에는 아직 진심으로 일을 즐기는 데까지는 가지 못했지만, 훨씬 밝은 내용이 담겨 있었다. 그녀의 내면에 작은 빛이 켜져서 변화가 시작된 것은 확실해 보였다.

1%의 사람이 되려면

어떻게 하면 일을 즐길 수 있을지 궁리하라

잘 풀리는 1%의 사람은

자신이 서툰 일은
맡지 않는다

안 풀리는 99%의 사람은

자신이 서툰 일까지
떠맡는다

아무리 고민해도 즐겁지 않고, 싫다고 느껴지는 일은 가급적 거절하는 편이 낫다. **서툰 일, 싫은 일, 하고 싶지 않은 일, 즉 마음이 거절하는 일은 하지 않는 편이 좋은 결과를 부른다.**

물론 사람은 역경을 극복하면서 성장한다고 생각할 수도 있다. 하고 싶지 않은 일을 거부하면 성장할 수 없다는 주장도 있을 것이다. 다른 사람이 싫어하는 일을 솔선해서 맡아왔다는 사람도 있다.

그렇게 해서 자신감이 생겼다면 훌륭한 성과를 얻

은 셈이다. 그러나 현실적으로 내키지 않은 일을 맡으면 잘되지 않는 경우가 많다. 처음 떠오른 '영 내키지 않네', '가능하면 하고 싶지 않아'라는 생각이 자신을 방해하기 때문이다.

나는 마음이 거부하는 일은 가능한 한 하지 않으려고 한다. 그 대신 잘하는 일, 좋아하는 일, 하고 싶은 일을 강하게 붙들어서 내가 가진 최대한의 에너지와 시간을 쏟아 모든 것을 걸겠다는 기세로 몰입한다. 그러면 점차 의욕이 솟구쳐서 자신의 한계가 점점 확장되고, 스스로 놀랄 정도의 성과를 끌어내는 경우가 많다.

"선생님은 경영자이고 조직의 꼭대기에 있으니까 그렇게 할 수 있는 거 아니에요? 일반 사람은 상사에게서나 거래처에서 받은 지시에 이건 싫다, 이건 서툴러서 못한다고 할 수 없어요."

나도 병원을 개업하기 전에는 월급을 받는 봉직의였으니 그렇게 말하고 싶은 기분을 모르는 것은 아니다. 하지만 정말로 그럴까? 그렇게 믿고 있는 것은 아닐까?

몇 명의 직원을 둔 경험에서 말하자면 **무언가를 의뢰할 때 "죄송해요. 저는 그 일은 잘 못해요."라고 말하는 직원을 오히려 신뢰하는 경우가 있다.**

어떤 일에 서툴다는 자각도 없이 지시받은 일에 그저 "네, 네."라고 따르는 사람은 자기 자신에 대해 모르는 데다가 스스로 고민하거나 노력하는 모습이 보이지 않는다. 그러면 당연히 좋은 결과가 나올 수 없다. 잘하는 일, 못하는 일, 무엇이 좋은지 싫은지는 본인이 가장 잘

안다. 그러니 자신이 서투른 일이나 못하는 일을 숨기지 말자. 그 솔직함과 용기가 좋은 결과를 가져오는 일도 드물지 않다.

거절할 때는 "저는 ○○을 정말 잘합니다. 제게 ○○을 맡겨주세요."라고 다른 쪽으로 적극적인 자기 어필을 하는 것이 좋다. 솔직한 거절, 진심이 담긴 거절에는 누구도 반감을 품지 않는다. 거절하는 용기가 오히려 호감을 끌어낼 수도 있는 법이다.

1%의 사람이 되려면

자신이 서툴다는 것을
솔직하게 전달하라

잘 풀리는 1%의 사람은

실수를 바로 잊는다

안 풀리는 99%의 사람은

**실수한 자신을 계속
책망한다**

세상에 일부러 실수하는 사람은 없다. 열심히 했는데도 실수를 했거나 때로는 불가항력에 의해 실수를 하게 된다. 그런데 많은 사람이 "어떤 실수라도 실수는 실수야. 내가 나빴던 거야."라며 계속 자책한다. 이런 태도는 실수를 처리하는 과정에서 가장 피해야 한다. 자책하면 위축될 뿐이고 오히려 실수가 실수를 불러온다.

사실 **실수를 했을 때 가장 좋은 방법은 가능한 한 빨리 잊는 것이다.** 이 세상에 완전무결한 사람은 없다. 만약 한 번도 실수하지 않았다고 말하는 사람이 있다면 실수를 깨닫지 못하는 둔감한 사람이거나 일의 성과를 제대로 확인하지 못하는 사람일 것이다.

'실수를 저질렀다'라고 말할 수 있는 사람은 스스로 실수했음을 인식한 것이다. 따라서 '나는 실수한 적이 없다'라고 우기는 사람보다 "죄송합니다. 실수했습니다."라고 말하는 사람에게 오히려 높은 점수를 주고 싶다.

나는 직원이 실수했을 때 책망하는 일도, 혼을 내는 일도 거의 없다. 명백히 부주의에 의한 실수라고 해도, 큰 손실을 냈더라도 그것을 알아차린 단계에서는 아무리 책망한들 실수 이전으로 돌아갈 수 없기 때문이다.

흔히 '돌이킬 수 없는 실수'라는 말을 하는데, 실제로 그런 실수는 없다. 물론 큰 손실을 보는 경우는 있다. 하지만 그렇다고 해도 일은 앞으로 계속 진행된다. 인생에서 일어나는 실패도 마찬가지다.

실수를 저질렀을 때 최우선으로 해야 할 일은 실수와 손실이 미치는 여파를 최소한으로 막는 것이다. 지금 당장 무엇을 해야 할지 확인하고 재빨리 손을 써야 한다. 당사자는 말할 것도 없고 상사도 주변 사람도 실수를 만회하는 데에 전력을 다하면 된다.

실수를 저지른 당사자는 몸 둘 바를 모를 정도로 자책할 것이다. 하지만 그런 식으로 위축되어 멈추어 서는 것이 문제를 더 복잡하게 만든다. 실수를 만회할 수조차 없기 때문이다. 실수를 했을 때 필요한 것은 해결을 하기 위해 나아가는 것이다. 그러기 위해서라도 실수를 그 자리에서 잊고 바로 해결할 방법을 찾는 편이 낫다.

1%의 사람이 되려면
실수를 회복하는 데 전력을 다하라

잘 풀리는 1%의 사람은

자기 자신과 경쟁한다

안 풀리는 99%의 사람은

타인과의 경쟁에
얽매인다

현대는 혹독한 경쟁 사회다. 경쟁 사회에서 살아남으려면 이를 악물고 힘을 쥐어짜서 노력해야 한다고 생각하는 사람이 많다. 나도 이제까지 경쟁에 이겨서 조금이라도 위로 올라가 최종적으로 꼭대기 자리에 오르는 것을 과제로 삼았다. 지금 내가 병원을 경영하면서도 세미나를 열거나 이런 책을 출간할 수 있는 것은 경쟁에 이기려고 노력해온 결과라고 다소 자부하고 있다.

다만 내가 경쟁하는 것은 주변 사람이 아니라 나 자신이다. 이전의 자신과 비교해보고 지금 내가 과거의 나를 이길 수 있는지 본다. 승패라는 말을 사용하면 오해를 부를지도 모르겠다. 좀 더 알기 쉽게 말하자면 과거보다 현재, 어제보다 오늘의 내가 조금이라도 발전했는지에 초점을 맞추고 한층 더 빛나는 사람이 되었는지에 무게를 둔다.

자신과의 경쟁이란 나만이 할 수 있는 일을 갈고닦는 데에 전력을 다하는 것이다. **다른 사람에게 시선을 돌리지 않고 자신을 주시하면서 무기가 되는 특성을 철저히 갈고닦는다. 자기만이 도달할 수 있는 경지를 목표로 해서 깊이 연구한다. 이렇게 자신의 희소가치를 높이는 일이야말로 이 세상에서 살아남는 최강의 비책이다.**

나는 치과병원을 경영하고 있다. 이 치과병원도 다른 병원과의 경쟁이 아니라 항상 이노우에 치과병원으로서 발전하고 있는지, 이노우에 치과병원이 아니면 안 되는 가치가 있는지, 그것을 항상 갈고닦고 있는지에 초점을 맞추고 진화하려고 노력한다. 치과병원이므로 환자의 치아를 치료하는 일은 당연하다. 나는 거기에 더해서 '환자와 마음이 통하는 치료'를 이노우에 치과병원만의 가치로 삼고 있다.

견실하게 노력해온 결과 최근에는 "선생님께 치료받으면 왠지 아주 행복한 기분이 들어요."라고 말해주는 환자가 늘어났다. 이제 치과병원은 편의점보다 수가 많아서 경영 기술까지 연마하지 않으면 살아남기가 어렵다. 그래서 경영도 본격적으로 공부해서 치과학 박사에 더해서 경영학 박사학위까지 취득했다. ISO9001, ISO14001까지 취득하는 데에 성공해서 환자에게 더 높은 만족감을 선사하고 있다.

ISO9001, ISO14001은 품질경영시스템에 관한 세계 규격으로, 일반적으로 대기업이 도전하는 과제다. ISO 취득 컨설팅을 담당해준 사람의 이야기로는 우리 병원 과 같은 규모에서 ISO 규격을 2종이나 취득한 예는 거의 없다고 한다. 이것은 자랑도 아니고, 병원 광고도 아니다. 내가 하고 있는 '자기만이 할 수 있는 일'을 이야기하는 것일 뿐이다.

나를 발전시키고 가치를 높이는 것은 박사학위를 취득하거나 ISO를 취득하지 않아도 실현할 수 있다. 어느 수간호사의 이야기를 해보겠다. 이 사람은 항상 사탕을 가지고 다니며 간호사와 마주칠 때 주머니에 사탕을 한 알 살짝 넣어준다고 한다. 근무 중에 사탕을 먹는 것은 엄밀히 말하자면 안 된다는 것을 알고 있어도 말이다.

이런 행동은 힘들게 근무하고 있는 간호사들에게 보내는 작은 격려다. 때로 사탕 한 알 정도의 규칙 위반을 넘어가주는 너그러움은 수간호사가 간호사 시절을 경험했기 때문에 가능한 일일 것이다. 이 수간호사는 간호사 시절보다 인간적 매력을 충분히 갈고닦았다고 할수 있다.

이전의 자신보다 점점 멋진 사람이 되어보자. 자신과 경쟁하다 보면 어느새 스스로에게 자랑스러운 사람이 되어 있을 것이다. 매일 스스로에게 묻자. **오늘의 내가 어제의 나보다 멋진가? 빛나고 있는가?**

1%의 사람이 되려면
어제의 자신을 경쟁 상대로 삼아라

HUMAN RELATION
1%의 인간관계

4

HUMAN RELATION

24 - 31

잘 풀리는 1%의 사람은

다른 사람을 만날 때
일부러 힘을 뺀다

안 풀리는 99%의 사람은

상대에게 잘 보이기 위해
허세를 부린다

—

나는 지금까지 대략 **6만 명의 고민을 들어왔는데, 그
중 90%는 인간관계에 대한 고민**이라고 해도 과언이 아
니다. 상사에게 인정받지 못하는 사람, 가족과 사이가
삐걱거리는 사람, 속마음을 털어놓을 친구를 만나지 못
하는 사람……. 개중에는 "누군가와 함께 있으면 저 사
람이 나를 싫어하지는 않을지 전전긍긍해요. 하지만 혼
자 있으면 쓸쓸해서 마음이 얼어붙고요. 도대체 어떻게
하면 좋을까요?"라고 눈물을 흘리며 상담하던 사람도
있었다.

　사람은 혼자서는 살아갈 수 없는 존재다. 사람에게
는 다른 사람과 연결되고 싶다는 기본적인 욕구가 존재
한다. 누군가를 지지하고, 자신 또한 누군가에게 지지
받는다. 이렇게 타인과 관계를 맺으면서 기쁨을 느낀
다. 반면에 일단 인간관계가 틀어져 고민이 시작되면
정체를 알 수 없는 속박에 사로잡혀 모든 일이 엉망이
된다.

　물에 빠진 경험이 있는 사람은 왜 빠졌는지 알고 있을
것이다. 본래 사람은 물에 뜨게 되어 있다. 그런데 물에 뜨지 못한다고 생각하면 필요 이상으로 긴장해 온몸이 경직된다. 혹은 무서움에 손발을 허우적대다가 균형을 잃어 본래 있는 부력이 작용하지 못해 가라앉는다.

몸을 가만히 표류하게 두면 자연스럽게 부력이 작용해서 물에 뜬다. 그 상태에서 손발을 부드럽게 움직이면 천천히 나아가기 시작한다. 그러면 "아, 수영할 수 있다!"라는 자신감이 생겨 물이 무섭다는 의식에서 탈출할 수 있다.

인간관계의 속박에 사로잡힌 경우도 마찬가지다. 인간관계가 불편하다고 생각하면 필요 이상으로 긴장하게 된다. 상대에게 지나치게 잘 보이려고 하면 행동이 부자연스러워지고 쓸데없이 허세를 부리게 된다. **그 긴장감과 과도한 의식이 인간관계를 망치는 주범이다.**

지나치게 분발하지 말고 생각하고 느끼는 것을 가능한 한 솔직하게 전달하려고 하자. 상대에게도 마음과 감정이 있음을 의식하면서 다가가자. 이런 마음만 있어도 인간관계에서의 많은 고민이 사라진다. 그렇게 되면 인간관계를 두고 고민하는 일에서 졸업할 수 있다.

어떤 고민도 원인은 상대방이 아닌 자기 자신에게 있다. 이것이 인간관계의 고민을 해결하는 철칙이라고 해도 좋다. 내가 바뀌면 상대도 반드시 바뀐다. 상대가 바뀌는 것만을 바라고 있는 한 고민은 영원히 사라지지 않는다. 무엇보다 먼저 자신의 의식과 행동을 바꿔보자.

1%의 사람이 되려면

인간관계＝자기 자신과의 관계라고 생각하라

잘 풀리는 1%의 사람은

**다른 사람의 비판을
성장의 밑거름으로 여긴다**

안 풀리는 99%의 사람은

**다른 사람에게 비판받는 것을
두려워한다**

"나는 사람을 사귀는 게 어려워."

이렇게 말하면서 점심도 혼자 먹고, 근무 후 회식에도 최소한만 참여하는 사람이 있다. 그렇게 하면 문제도 일어나지 않고 상처받을 일도 없다고 생각한다. 비판받거나 거절당하는 것이 두려워서 스스로 문을 닫아버린 셈이다.

이대로는 시간이 한없이 흘러도 사람을 사귀기 어려운 현실에서 벗어날 수 없다. 더 무서운 것은 인간관계가 어렵고 비판받는 것이 싫어서 다른 사람과 어울리는 것을 피하면 자신의 발전마저도 제자리걸음이라는 것이다. **다이아몬드는 다이아몬드로만 연마할 수 있듯이 사람도 사람으로만 연마할 수 있다.**

지금의 나는 "선생님은 정말 발이 넓으시네요."라는 말을 들을 정도로 폭넓은 인간관계를 유지하고 있다. 만남을 만드는 일에도 적극적이다. 하지만 나는 본래 사람을 잘 사귀지 못하는 편이었다. 술도 별로 마시지 않아서 대학원 시절에도, 봉직의 시절에도 사람을 사귀는 데에 적극적이지 않았다. 그럴 시간이 있다면 빨리 집에 돌아가서 책을 읽거나 공부를 하고 싶었다.

그런데 이대로는 발전이 없음을 우연한 기회에 깨닫고, 그 무렵부터 적극적으로 인간관계를 넓히게 되었다. 페이스북에 글을 올리는 것도 그러기 위해서다. 최근 한두 해 동안 나는 매일 한 번 이상 메시지를 올리고 있다. 약 7천 명의 사람이 내 메시지를 기다려주고, 마음을 의지해주기 때문이기도 하지만, 나 자신을 갈고닦는 일도 되기 때문이다. 메시지를 올리면 곧 많은 사람

이 계속해서 댓글을 달아준다. 그것을 읽으면서 나는 깊은 가르침을 얻는다.

적극적으로 행동하는 일은 불 속에 몸을 던지는 결과를 부르기도 한다. 댓글 중에는 비판도 있다. 아예 비난의 화살을 받는 경우도 있다. 메시지를 올리지 않으면 그런 스트레스를 떠안는 일도 없을 것이다. 하지만 점차 비판을 해주는 것이 오히려 고맙다고 생각하게 되었다. 간과하던 관점을 가르쳐주기도 하기 때문에 마음속으로 머리 숙여 감사하는 일도 종종 있다.

내가 조금씩이라도 자신을 더 빛나게 해왔다면 이는
나를 지지해준 사람만이 아니라 비판하면서 가르침을
준 사람들로 인해 갈고닦아진 결과일 것이다.

1%의 사람이 되려면

**사람은 다른 사람을 통해서만
연마된다는 것을 잊지 말자**

잘 풀리는 1%의 사람은

**불편한 사람에게
흥미를 보인다**

안 풀리는 99%의 사람은

**불편한 사람과는 오로지
거리를 둔다**

나는 **불편한 사람, 싫은 사람에게 오히려 감사하자**고 자주 이야기한다. 평생 만나는 사람을 헤아려보면 몇 백, 몇 천이라는 수가 될 것이다. 그 모든 사람을 좋아 하려고 할 필요는 없다. 나는 만남 자체가 인연이므로 가급적 만나는 사람을 받아들이려고 하지만, 모든 사람 을 받아들일 수 있느냐고 물으면 자신이 없다. 사람에 게는 생리적인 파장이 있어서 이것이 맞지 않으면 본능 적으로 안 맞을 수도 있기 때문이다.

아무래도 좋아질 것 같지 않거나 대하기가 조금 까다

로운 사람을 만나면 가급적 어울리지 않으려고 하는 것이 일반적일 수도 있다. 상대가 보낸 메일에 답을 하지 않거나 부재중 전화가 와 있어도 전화를 걸지 않는 일이 두세 번 이어지면 인간관계는 자연히 소멸한다. 이렇게 사실상 인간관계를 차단하는 사람도 상당수 있다.

하지만 이렇게 해서는 자신을 바꿀 수 없다. **대하기 불편한 사람을 피하고, 싫어하는 사람과 관계를 단절하는 방식은 마음에 부담을 주지 않는 대신 자신을 갈고닦거나 발전시키는 힘을 끌어낼 수 없다.**

대하기 어려운 사람이 있다면 무조건 피하지 말고 왜 그 사람이 불편한지 생각해보자. 본능적으로 불편하다

고 느껴지는 사람은 의외로 자신과 성격이 비슷하거나 같은 목표를 지향하는 사람일 수 있다. 게다가 상대가 이쪽을 능가하고 있는 경우가 많다. 그 결과 그 사람 앞에서는 좋든 싫든 자신의 미숙함과 미흡함이 드러나게 된다. 그래서 직감적으로 반발심이 생기는 것이다. 하지만 그 기분만 극복하면 비슷한 만큼 통하는 것이 있어서 서로 깊게 공감하는 관계가 될 수 있다.

불편한 사람을 피하는 것도 자신의 선택이다. 하지만 마음을 단단히 먹고 앞으로 한 걸음 나아가 불편한 사람을 일부러 상대해서 인간관계의 폭을 넓히는 선택지도 있다. 자, 이제 어느 쪽을 고를 것인가? 결정권은 여러분의 손에 있다.

1%의 사람이 되려면
싫어하는 사람에게 감사하라

잘 풀리는 1%의 사람은

**자신에게 하는 배려도
잊지 않는다**

안 풀리는 99%의 사람은

타인에게만 신경을 쓴다

직장이나 지역에 있는 주변 사람들과 잘 지내지 못하면 일이나 생활에 지장이 생겨서 이러지도 저러지도 못하는 곤경에 빠질 수 있다. 그래서 사람들은 주변 사람들에게 꼭 배려해야 한다고 말한다. 그런데 이렇게 타인에게 하는 배려가 인간관계를 악화시키는 원인이 되기도 한다. 인간관계란 참으로 어려운 것이다.

그러면 왜 그런 일이 생길까? 주변에 대한 배려 뒤에는 '좋은 사람으로 보이고 싶다', '두루두루 마음을 쓰는 사람이라고 칭찬받고 싶다'라는 기분이 도사리고 있기 때문이다. 상대에게 기대한 만큼 반응이 돌아오지 않으면 '이렇게나 신경을 써줬는데 좋은 평가를 해주지 않네', '여태껏 배려했는데 나는 배려해주지 않는 거야? 분명 나를 싫어하는 게 틀림없어'라는 식으로 생각하게 된다.

자신이 한 배려에 좋은 평가가 돌아오지 않으면 마치 배신당한 듯한 느낌이 드는 것이다. 배려에 감사받지 못한다는 불만은 그대로 두면 점점 부풀어 올라 분노와 원한으로 발전하는 경우도 있다.

그러면 어떻게 해야 할까? 타인과 똑같이, 때로는 타인 이상으로 자기 자신에게 마음을 쓰자. **항상 자기가 스스로를 보았을 때 부끄럽지 않고 자랑스러운 사람이 될 수 있도록 세심하게 마음을 쓰면 그것이 그대로 주변으로 가는 배려가 된다.** 다른 사람을 배려하지 못하는 사람은 스스로를 부끄럽게 생각하기 때문이다.

자신에게 하는 배려 중에 가장 하기 쉬운 것은 겉모습을 말끔하게 정돈하는 일이다. **겉모습은 가장 바깥쪽**

의 내면이라고 말할 정도로 중요하다. 겉모습을 최고의 상태로 정돈하는 일은 만나는 상대에 대한 존중인 동시에 자신의 내면을 최고 수준으로 전달하는 퍼포먼스이기도 하다. 나는 그렇게 생각한다.

물론 나는 겉모습만이 아니라 세미나와 강연을 최고의 퍼포먼스로 만드는 데에도 최대한 신경을 쓰고 있다. 자료와 텍스트를 준비하는 일은 말할 것도 없고, 강연장의 온도와 습도, 조명에도 신경을 쓰고, 마이크의 음량과 울리는 상태도 사전에 몇 번씩이나 반복해서 테스트한다.

이렇게 만반의 준비를 하는 것은 최고의 세미나, 최고의 강연을 하고 싶은 나 자신에게 하는 배려다. 동시에 그곳에 모인 사람들에게 최고의 만족을 주는 배려가 되기도 한다.

이처럼 먼저 자기 자신을 배려하면 그 배려가 그대로 상대에 대한 배려가 된다. 이런 식으로 배려가 순환하게 되면 상대의 불만족스러운 반응 때문에 분노가 솟구치는 일은 없을 것이다.

1%의 사람이 되려면

배려는 상대가 아니라 자신에게 하라

잘 풀리는 1%의 사람은

여간한 일로는
화내지 않는다

안 풀리는 99%의 사람은

분노를 억제하지 못하고
후회한다

"한순간 분노를 폭발시킨 탓에 지금까지 잘 풀리던 인간관계를 무용지물로 만들었습니다."

누구라도 한두 번은 이런 경험이 있을 것이다. 사실 나는 여간한 일로는 화를 내지 않는다. 화내지 않겠다고 다짐했기 때문이다. 물론 분노의 불씨가 없을 리는 없다. 차량 정체에 말려들면 욱하고, 직원에게 잔소리하고 싶을 때도 있다. 나에게 상담을 하러 오는 사람 중에서도 드물지만 갑자기 약속을 취소하거나 연락도 없이 아주 늦게 오는 사람도 있다. 하지만 그럴 때도 화내지 않는다.

분노는 무서운 파괴력이 있는 감정이라서 일단 불이 붙으면 인간관계, 신뢰감, 업무 평가 등 그때까지 쌓아 올린 모든 것이 붕괴되는 경우가 종종 있다. 백지로 돌아가는 정도라면 모르겠지만, 모든 것이 한꺼번에 무너져 마이너스 상태가 되기도 한다.

그렇다고 해도 분노는 사람의 본능적인 감정이다. 예로부터 종교인이 엄격한 자기 수련을 거듭하는 목적 중 하나는 분노를 제어하기 위해서라는 말이 있을 정도다. 그렇다면 종교적인 수행을 하는 것도 아니고, 해탈한 것도 아닌 내가 왜 여간한 일로는 화를 내지 않을까? 사실 나는 좀 더 인간적인 방법으로 분노를 마주하고 극복하는 방법을 발견했기 때문이다.

바로 어느 쪽이 이득인지 생각해보는 것이다. 즉 화를 내는 경우와 분노를 억제하는 경우 중 어느 쪽이 이득인지 자문해본다. 타자의 행복을 제일로 생각하는 이타주의적인 사고방식은 마땅히 존경해야 할 만큼 숭고하다.

하지만 인간의 본성을 깊이 파고들면 결국 자기 이익을 추구하는 이기주의가 나온다. 이기주의가 발전해서 이타주의가 있는 것이며, 이기주의와 이타주의는 가르기 힘든 관계라고 생각한다.

분노의 최대 손실은 자신을 혐오하는 감정이 격하게 엄습한다는 것이다. 자신이 싫어지는 것만큼 괴로운 건 없다. 자기혐오는 인생을 긍정적으로 살아가려는 기력마저 빼앗아간다. 일단 기력을 잃으면 부활하는 데 엄청난 에너지가 필요하다. 이렇게 생각하면 짜증이 나거나 욱하고 화가 나도 스스로 힘껏 제동을 걸어 분노를 억누르는 편이 훨씬 낫다고 판단해서 자연히 여간한 일로는 화를 내지 않을 수 있다.

분노의 불씨는 대개 입장의 차이가 만들어낸 의견 충돌에서 생긴다. 그럴 때 머리를 식히고 객관적으로 전체를 둘러보면 '그래, 이런 사고방식도 있구나'라고 상대의 입장과 기분을 이해할 수 있다. 그러면 조절점도 보이므로 문제는 이미 해결한 셈이다. 분노를 폭발시키지만 않으면 얼마든지 조절할 수 있다.

"지는 것이 이기는 것이다."

이것도 능숙한 분노 대처법이다. 현재는 상대의 변명을 받아주지만 어디까지나 비즈니스이므로 양보하는 것이라고 확실히 인식한다. 양보는 지는 것도 아니고 자신을 기만하는 것도 아니다. 감정의 파도에 휘말리지 않고 그때그때 가장 좋은 해결법을 고르는 사람이야말로 분노를 초월한, 그릇이 큰 사람이라고 할 수 있다.

어지간한 일로는 화내지 않는 사람이 되면 스스로 자신을 높게 평가하게 되고, 긍지까지 갖게 된다. 이것도 상당히 이득이다.

1%의 사람이 되려면

분노는 손익을 따지며 억누르자

HUMAN RELATION
29

잘 풀리는 1%의 사람은

**상대의 이야기가 끝날 때까지
가만히 들어준다**

안 풀리는 99%의 사람은

**상대의 이야기를 듣고 있는 것
같아도 듣지 않는다**

커뮤니케이션이 능숙해지는 비결은 상대의 이야기를 가만히 듣는 것이다. 하지만 이런 이야기는 이미 여러 번 들었다는 사람이 많다. 그런데 그런 말을 많이 들으면서도 아직 커뮤니케이션에 자신이 없다는 사람이 너무나도 많다.

상대의 이야기를 듣는 것은 간단해 보이지만 실은 상당히 어려운 일이다. 인간에게는 누구나 자기 의견을 주장하고 싶은, 자신을 알아주었으면 하는 본능이 있기 때문이다. 듣기보다 이야기하고 싶은 기분이 앞서는 것도

이런 본능을 생각하면 자연스러운 일이다.

　나도 심리 상담을 시작했을 무렵에는 상대와의 대화를 녹음했다가 다시 들어 보면 '아직 듣는 실력이 부족하구나', '상대는 좀 더 이야기하고 싶었구나'라고 깨닫는 일이 자주 있었다. 그래서 최근에는 심리 상담처럼 상대와 일대일로 마주하고 이야기할 때는 상대의 이야기가 끝날 때까지 최대한 가만히 들으려고 한다.

　사람은 이야기하면서 생각을 정리해가는 경우가 종종 있다. 내가 상대의 이야기가 전부 끝날 때까지 가급적 입을 열지 않는 것은 그것을 방해하지 않기 위해서다. 심리치료사의 역할은 진심으로 애정을 담아 상대가 생각을 정리하는 과정을 지켜보는 것이다.

또 하나 중요한 역할은 상대가 표현하지 못하는 말과 말 사이에 있는 생각, 바로 행간을 감지하는 것이다. 대화하는 데에 열을 올리지 않고 묵묵히 듣고 있으면 이쪽에도 여유가 생겨서 곧 상대가 말로 하지 않아도 표현하고 싶은 속마음이 들려온다. 이것은 평소의 대화에서도 분명히 응용할 수 있을 것이다.

1%의 사람이 되려면

행간까지 읽는 마음으로 상대의 이야기를 듣는다

잘 풀리는 1%의 사람은

**문제를 일으킨 상대를
책망하지 않는다**

안 풀리는 99%의 사람은

**문제를 일으킨 상대를
무심코 책망한다**

누군가가 터무니없는 실수를 범했다. 그럴 때 머리에 피가 거꾸로 솟는 기분이 들어서 "도대체 어떻게 책임질 건데?" "죄송하다고 해서 해결될 문제가 아니잖아."라는 식으로 상대를 추궁한 적이 있지 않은가?

물론 사람이니 무심코 감정이 앞서서 상대를 나무랄 수도 있다. 하지만 그 결과 상대를 몰아세워서 인간관계까지 무너뜨리는 것은 바람직하지 않다. 나는 문제가 일어난 경우에는 무엇보다도 인간관계를 가장 먼저 생각한다. 문제는 반드시 해결할 길이 있다. 하지만 인간

관계는 한 번 무너지면 회복하기가 쉽지 않다.

특히 문제가 심각할 경우 문제를 일으킨 당사자가 가장 자책하기 마련이다. 그렇다면 주변 사람, 특히 상사의 위치에 있는 사람은 책망하는 말을 절대 입 밖으로 꺼내서는 안 된다. 자책하는 사람에게는 어떤 말을 해도 칼날처럼 박힌다. 따라서 이런 경우에는 아무 말도 하지 말고 상대를 그저 감싸주는 것이 가장 좋은 방법이다.

사람은 누군가가 넘어지려고 하면 아는 사람이든 모르는 사람이든 무의식적으로 손을 뻗어 받아주려고 한다. 그 사람이 피투성이든, 흙투성이든, 설령 범죄자라고 해도 말이다. 우리는 쓰러지는 사람을 받아내야 한다, 도와주어야 한다는 생각만으로 움직인다. 사람에게는 그런 숭고한 힘이 있다. 이처럼 **상대를 감싸주어야 겠다고 느끼면 어떤 경우든 어떤 상대든 조건 없이 온전히 받아들일 수 있다.**

이미 벌어진 일은 본래대로 되돌릴 수 없다. 시간이 흐를수록 상황이 악화되어 점점 해결하기 어려워지는 문제도 있다. 그러니 문제를 일으킨 상대에게 "지금 무엇을 할 수 있는지, 어떻게 해야 좋을지를 최우선으로 생각하자."라고 말한 뒤 함께 해결하자. 그렇게 했을 때 가장 구제받는 것은 다른 누구도 아닌 자기 자신이다.

1%의 사람이 되려면

상대의 모든 것을 감싸 안아주자

잘 풀리는 1%의 사람은

**이별을 긍정적으로
파악한다**

안 풀리는 99%의 사람은

**이별을 부정적으로
파악한다**

이별 없는 인생은 없다. 아무리 서로 사랑했던 사이라도 언젠가 반드시 헤어지는 날이 온다. "평생 헤어지지 말자. 이 사랑은 영원히 지속될 거야."라고 서로 맹세했다고 해도 죽음이 갈라놓을 수도 있고, 그보다 일찍 사랑이 끝날 수도 있다. 하지만 사람은 이별하기 위해서 만난다고 생각하면 두 사람이 보내는 시간이 한층 더 소중해지고, 사랑하는 사람을 더할 나위 없이 소중한 존재라고 생각하게 된다.

더없이 소중한 사람과도 언젠가 헤어지는 날이 온다.

이별이 괴로운 것은 대부분 자신의 의지와 상관없이 발생하기 때문이다. 죽음에 의한 이별은 말할 것도 없고, 사랑의 끝도 대개 한쪽이 일방적으로 종지부를 찍는다.

갑자기 이별을 선고받은 쪽은 큰 충격을 받고, 상처가 영원히 아물지 않을 것처럼 느껴진다. 상대를 원망할 수도, 미워할 수도 없다. 아직 사랑하고 있고, 그 마음을 버릴 수 없기 때문이다. **이별의 아픔은 우리가 얼마나 깊게 사람을 사랑할 수 있는지 알려주는 증거다.**

그런 자신을 결코 소홀히 해서는 안 된다. 상대는 떠났을지 모르지만, 그 만남이 있었기에 이렇게까지 깊은 사랑을 하게 된 자신을 인정해주자. 사랑도 이별도 모든 경험은 화학 변화처럼 새로운 차원으로 바뀌어 우리를 성장시키는 원동력이 된다.

사랑하는 사람의 죽음을 마주하고 낙심하는 사람도 있다. 자신이 나이를 먹을수록 자신을 길러준 부모님이나 은사님도 나이를 먹고, 그 앞에 영원한 이별이 기다리고 있음은 생명이 있는 존재의 숙명이다.

생물학에서 생물은 다음 세대에게 유전자를 계승하기 위해 태어나는 것이라고 한다. 생물은 같은 개체 안에서 대사나 재생으로 진화할 수 없고, 유전자는 점차 손상되고 쇠퇴해간다. 따라서 유전자를 계승하며 성장과 진화를 추구한다. 이런 생명의 훌륭함에 어떻게 압도당하지 않을 수가 있을까?

죽음에 의해 육체가 사라진 뒤 사람의 영혼은 어디로 갈까? 지금도 명백하게 해명되지 않은 그 의문은 인간의 문화에 존재하는 큰 과제라고 할 수 있다. 2011년 3월 11일, 동일본대지진이 발생했다. 갑자기 덮쳐든 지진과 해일에 의해 많은 사람이 목숨을 잃었다. 그 이후 "재해지에서 돌아가신 어머니와 재회했다." "죽은 줄 알았던 아이가 거실에서 놀고 있는 기운을 분명히 느꼈다."라는 이야기가 여기저기에서 들려왔다. NHK스페셜 〈시리즈 동일본 대지진 죽은 사람과의 재회―재해지의 3번째 여름〉(2013년 8월 23일 방송)은 그런 목소리를 모아놓은 특별한 프로그램이었다. 이런 체험을 가족의 죽음에서 회복하지 못했기 때문이라고 단정하는 것은 조금 씁쓸하지 않을까?

불교에는 윤회라는 사고방식이 있어서 죽은 다음 새로운 생명체로 다시 태어난다고 한다. 나는 생명체에 눈에 보이지 않는 잠재의식이라는 에너지의 원천이 있다고 생각한다. 반년 전에 아버지가 돌아가셨는데, 지금도 가끔 바로 곁에서 아버지의 존재를 느낄 때가 있다. 이런 느낌 때문인지, 아버지의 죽음은 나에게 완전한 이별이 아니다.

사람은 이별과 죽음에서 새로운 힘을 얻기도 한다. 이처럼 사람에게는 끝없는 힘의 원천이 존재한다. 새삼 인간의 무한한 힘에서 커다란 용기를 얻는다.

1%의 사람이 되려면
상실감을 앞으로 나아가는 힘으로 바꾸자

5

SELF INVESTMENT

32 - 38

잘 풀리는 1%의 사람은

**배움을 기쁨이라고
생각한다**

안 풀리는 99%의 사람은

**배움을 고통이라고
생각한다**

"아, 드디어 공부에서 해방됐다."

사회인이 되었을 때 크게 기지개를 켜면서 이렇게 말한 사람이 많을 것이다. 그러나 사실 진정한 공부는 그때부터 시작이다. **사회인이 된 다음의 공부는 학창 시절의 공부와는 비교도 되지 않을 정도로 크나큰 기쁨을 가져다준다.** 배우면 배울수록 자신의 성장을 실감할 수 있는 공부이기 때문이다.

머리말에서 언급했듯이 나는 30대 중반 무렵 처음 인생에 대한 사고방식을 가르쳐주는 책과 만났다. 그때까지도 책을 좋아해서 상당량의 책을 읽었지만, 당시 내가 읽은 것은 치과 전문서나 경영서 위주였다. 개업의는 의사이면서 동시에 경영자이기도 해서 경영 기술을 갈고닦지 않으면 병원 경영을 유지하기가 어렵다. 그래서 치과학과 경영학은 지금도 계속 공부 중이다. 동시에 인생에 대한 사고방식을 배우는 일이 더해져서 그때부터 나는 공부에 시간도 에너지도 쏟아붓게 되었다.

선도자의 지식과 지성을 만나 그것을 받아들이면 자신의 새로운 힘이 된다. 그때 느끼는 감정은 흥분이라고 표현할 정도로 흥미진진하다. 자신이 성장하는 것을 실감하는 것만큼 커다란 기쁨은 없다. 50세가 된 지금도 공부에 계속 열중하는 것은 배우면 배울수록 그 기쁨

이 내 안에서 확대되는 것을 느끼기 때문이다.

무언가 하나라도 이것이다 싶은 것을 발견해서 진심으로 배우기 시작하면 새로운 시야가 열리고 인생에 새로운 무대가 펼쳐진다. 책을 읽는 것이나 연수회에 참가하는 것만이 아니라 주변 사람의 언행을 관찰하는 것에도 배움이 있다. 자기 자신을 깊게 파악하는 일도 배움이다. 이런 배움을 항상 지속해보자. 그곳에서 성장의 잠재력이 생겨나고, 자신의 내면은 깊이를 더해서 성숙해질 것이다.

다양한 일이 잘 풀리는 행복한 인생은 이런 일이 종합적으로 모여 실현되는 결과라고 나는 믿는다.

1%의 사람이 되려면

배움을 성장의 원동력으로 삼아라

잘 풀리는 1%의 사람은

**책에서 얻은 배움을 반드시
자신의 인생에 적용한다**

안 풀리는 99%의 사람은

**책에서 배움을 얻는 것으로
만족한다**

나는 세계적으로 유명한 책들을 많이 읽으면서 그때마다 저자의 지식과 사고에 깊은 공감과 감명을 받았다. 그런데 이렇게 지식이 축적되어가는 과정에서 언제부터인가 내 속에 미묘하게 위화감이 생기기 시작했다.

'전부 옳은 말이야. 하지만 이 위화감은 뭐지?'

나는 그 이유를 곧 깨달았다. 책이나 세미나의 텍스트에 쓰여 있는 것은 불특정 다수의 독자를 위한 정보와 지식이다. **그 내용이 아무리 질이 높아도 독자 한 사람 한 사람에게 딱 맞는다고 단정할 수는 없다.**

인생의 성공철학이나 기술도 마찬가지다. 저명한 사상가나 연구자는 우리 인생의 선구자다. 그중에는 목표로 해야 할 훌륭한 사람도 많다. 하지만 선구자의 가르침을 배우면서 동시에 각자의 인생에 맞게 변형할 필요가 있다.

진지하게 지식을 배우고, 배운 것을 자기 나름대로 소화해서 **목표로 하는 삶의 방식과 자신의 상황, 실력에 맞게 변형하자. 자신에게 꼭 맞는 독창적인 모양으로 다시 만들어낸다.** 이 과정을 거치지 않으면 지식과 기술을 얻는다고 해도 그것을 진정한 의미로 자신의 인생에 살릴 수는 없다.

최근 나는 이런 생각을 바탕으로 상담자와 일대일로 만나는 심리 상담을 새롭게 전개하고 있다. 어떤 훌륭한 가르침도 자신의 인생 계획과 성격, 행동 패턴에 맞지 않으면 최대의 효과를 가져올 수 없다. 지식을 자기 나름대로 소화하면서 정말로 자신에게 도움이 될 수 있도록 변형하면 배움의 효과는 더욱 확실해질 것이다.

나는 책이 연이어 출간되고 세미나와 연수회도 성황리에 진행되면서 인생도 잘 풀리고 있다고 자부하고 있다. 이런 1%의 사람이 별로 없는 이유는 지식을 변형하겠다고 발상하는 사람이 아직 너무나도 적기 때문이지 않을까?

1%의 사람이 되려면

배운 지식을 자기에게 맞게 변형하라

SELF INVESTMENT
34

잘 풀리는 1%의 사람은

자신을 성장시키기 위해
돈에 얽매인다

안 풀리는 99%의 사람은

돈에 얽매이는 것은
쩨쩨하다고 생각한다

"나는 돈을 사랑해."

"나는 돈에 구애받아."

"나는 최대한 많은 돈을 원해."

가끔 나는 일부러 이렇게 말하기도 한다. 돈을 얕보는 것은 사회적인 평가를 무시하는 것과 마찬가지라고 생각하기 때문이다.

축구선수가 유럽 강호 팀에서 뛸 때, 혹은 프로야구 선수가 메이저리그에서 활약할 때 계약금과 연봉은 그 선수의 가치를 나타내는 하나의 지표가 된다. 참고로 세계적인 스포츠 선수의 연봉은 골프의 타이거 우즈가 약 6천만 달러, 축구의 리오넬 메시가 9천만 달러 정도 된다.

실력과 인기, 돈은 확실히 비례한다. 비즈니스맨의 세계에서도 마찬가지다. 유능한 기술을 지닌 비즈니스맨은 헤드헌터의 중개로 몇 배씩 연봉을 늘려 이직하기도 한다. 연봉이 높은지 낮은지는 금액이 아니라 업무의 성과로 정해진다. **고액의 보수를 받는 사람일수록 혹독한 평가의 눈에 노출된다.** 지속해서 고액의 보수를 받는 것은 그 정도의 보수를 받을 만한 일을 소화하고 있기 때문이다.

우리는 지금도 돈에 집착하지 않는 사람, 돈에 얽매이지 않는 사람을 훌륭하다거나 품성이 뛰어나다고 간

주하는 경향이 있다. 반면에 자꾸 돈을 거론하는 것은 쩨쩨하고 경박하다고 생각하는 경향도 뿌리 깊게 박혀 있다.

이것은 돈의 사회적인 가치를 올바르게 인식하는 것이라고 할 수 없다. 쩨쩨한 마음으로 돈을 생각하기 때문에 쩨쩨함이 떠오르는 것이다. 보기 흉하게 돈에 집착하기 때문에 돈이 더럽게 보이는 것이다.

"돈을 원해."라는 말의 진의는 사실 자신을 좀 더 발전시키고 싶다는 것이다. 돈에 있는 이런 힘을 솔직히 인정한다면 돈에 대한 생각은 맑게 정화될 것이다. 그러니 **돈을 원한다는 솔직한 생각을 두려워하지 말고 입 밖으로 꺼내보자.**

1%의 사람이 되려면
돈을 사랑하라

잘 풀리는 1%의 사람은

**돈은 사용해야 의미가 있다고
생각한다**

안 풀리는 99%의 사람은

**돈을 모으는 데에만
관심이 있다**

"저는 돈이 중요하다는 것을 알고 있어요. 그래서 열심히 절약해서 저축도 하고 있어요."

주변에는 이렇게 말하는 사람이 많다. 그런데 돈을 중시한다는 것이 최대한 돈을 사용하지 않고 꾸준히 저축하는 것일까? 이런 사고방식은 오히려 역효과를 부른다. 돈을 꽉 쥐고 있으면 돈이 늘어나지 않는다. 평생 풍요로움과는 인연이 없는 인생을 살지도 모른다.

돈은 물체로 봤을 때 단순한 금속이나 종잇조각에 지나지 않는다. 예금 잔고에 만족감을 느끼는 사람도 있

겠지만, 잔고도 단지 숫자에 불과하다. 계좌에서 꺼낸
다고 해도 아직 가치가 없으며 사용했을 때 비로소 가
치가 생긴다. 이것이 돈의 본질이라고 확실히 인식해두
자. 그렇게 인식해야 비로소 돈의 가치를 살리는 진검
승부를 시작할 수 있다.

사람은 누구나 무의식적으로 숨을 쉬고 있으므로 "올바른 호흡법이란?"이라는 질문을 받으면 당황한다. 그러나 호흡법은 건강을 좌우할 만큼 커다란 차이를 가져온다. 올바른 호흡법의 기본은 훅 내뱉은 다음 깊이 들이마시는 것이다. 뱃속의 공기까지 전부 내뱉으면 자연히 숨을 들이마시게 된다.

돈도 마찬가지다. 먼저 내뱉은 다음 들이마셔야 한다. 즉 먼저 돈을 쓰고 그로 인해 어떤 가치를 손에 넣고, 그 가치가 새로운 수입을 창출한다. **이런 돈의 이상적인 순환을 잘 알고 돈을 손에서 놓는 것, 즉 돈을 사용하는 것에 익숙해지자.**

지갑에서 돈을 꺼낼 때 남은 지폐를 무의식중에 헤아린 뒤 얼마 남지 않으면 허전하게 느낀 적이 있을 것이다. 이런 상태에서는 돈을 기꺼이 사용한다고 할 수 없다. 돈을 기꺼이 사용한다는 것은 (돈은 사용했지만) "이렇게 좋은 것을 손에 넣다니." "맛있는 음식을 먹었어." "훌륭한 공연을 볼 수 있었어."라는 식으로 돈을 사용하는 대신 얻게 된 것을 진심으로 즐기고 기뻐하는 일이다.

마음속으로 '아, 정말 좋았어'라고 생각할 수 있도록 돈을 사용하자. 그러면 머지않아 정말 풍요롭고 편안한 인생을 살고 있음을 깨달을 것이다.

1%의 사람이 되려면

돈을 기꺼이 사용하라

잘 풀리는 1%의 사람은

자기 투자에 돈을
아끼지 않는다

안 풀리는 99%의 사람은

자기 투자에 소극적이다

돈은 기꺼이 사용해야 하지만 당연히 현실 생활이 있으므로 어느 정도 저금도 필요하다. 그래도 인생의 반환점까지는 저축하는 것보다 투자를 최우선으로 해야 한다. 나는 그런 생각을 실천해왔다. 내가 말하는 투자는 주식이나 부동산을 구매하는 것이 아니라 자기에게 하는 투자다. 자신의 가치를 높이기 위해 돈을 사용하는 것을 목표로 하자.

나는 지금까지 자기 투자에 아낌없이 돈을 사용해왔다. 세미나, 연수회, 책, CD, DVD 등의 교재……

참가하고 싶은 세미나가 외국에서 열리는 것이면 시간을 내어 외국까지 날아가 수강하기도 했다. 일류를 접하기 위해 당시의 내 상황에서 상당한 무리를 한 적도 있다.

그렇게 사용한 돈을 아깝다고 생각한 적은 단 한 번도 없다. **지금까지 투자한 돈은 전부 나 자신에게 흡수되어 자산 중에서도 최대의 가치를 내고 있기 때문이다. 게다가 일과 인생의 경험까지 더해져 내 무형 자산의 가치**

는 나날이 높아지고 있다.

주식이나 부동산에 하는 투자는 당연히 손해를 볼 수 있다. 반면에 자신에게 하는 투자는 위험성이 거의 없고 성과는 높다. 실제로 현재의 나는 20대, 30대 시절보다 확실히 성장했고 일도 점점 발전해왔다. 지금까지 나 자신에게 해온 투자는 어떤 투자보다도 높은 성과를 냈다고 만족하고 있다.

1%의 사람이 되려면

일류를 접하기 위해 돈을 사용하라

잘 풀리는 1%의 사람은

**한정된 기간에
압도적으로 노력한다**

안 풀리는 99%의 사람은

**어중간한 노력을
질질 끌면서 지속한다**

인생에는 압도적으로 노력하는 시기도 필요하다. **압도적이란 질적으로도 시간적으로도 아무도 트집을 잡을 수 없을 정도의 노력을 하는 것이다. 그리고 스스로 정말 최선을 다했다고 단언할 정도로, 전부 불태웠다고 할 만큼 열심히 하는 것이다.**

다만 이런 노력은 그리 길게 지속하지 못한다. 그렇다면 처음부터 기간을 한정하면 되지 않을까? 노력에도 강약이 필요하다.

나는 대학원 시절 압도적으로 노력한 경험이 있다.

치과 계열의 대학원은 4년 과정에 수료하기로 되어 있지만, 사실상 수료까지 6년 이상 걸리는 경우가 많다. 실제로 배우고 터득해야 하는 것이 산더미 같아서 4년 만에 수료하기란 여간 힘든 일이 아니었다. 실제로 그 처지가 되니 어려움이 뼈에 사무치게 느껴졌다.

그래도 나는 4년이라는 정해진 수료 기간이 있으니 무조건 4년 만에 수료하자고 결심하고, 어떻게 해서든 이 결심을 유지하기로 마음먹었다. 어떤 의미로 자신에게 내기를 건 것이다. 여기에서 내 결심이 흔들린다면 그 후의 인생도 우물쭈물하게 될 것 같았다. 그런 불안이 있는 한편, 나의 이런 결심이 흔들리지 않는다면 나 자신에게 굳건한 마음의 기반이 다져질 것이라는 기대도 있었다.

지금 떠올려도 그 4년 동안은 정말로 힘들었다. 아침에 누구보다도 빨리 연구실에 가서 다른 의국원이 오기 전에 하루의 과제를 완벽히 끝내놓는 혹독한 스케줄이었다. 하루에 14시간 또는 15시간 연구를 하고, 대학병

원에서 임상을 하고, 학생실습 보조 등을 했다. 식사와 목욕 등 생활하는 데 필요한 최소한의 시간을 쓰고 나면 서너 시간밖에 잠을 잘 수 없었다. 일어나 있는 동안에는 줄곧 연구에 관련된 일을 했다. 완전한 휴일은 없었다. 설날마저 컴퓨터 앞에 앉아 논문을 썼다.

그 결과 당연히 불가능하다고 했던 4년이라는 기간에 대학원을 수료할 수 있었는데, 그 성취감은 압도적이었다. 이렇게 인생의 한 시기, **한계에 다다를 때까지 자신을 몰아붙여보자. 원하는 목표를 향해 자신의 인생 역사상 최대로 힘을 내보자. 그러면 자기 자신에 대한 절대적인 신뢰감이 생긴다.** 그 이후 나는 상당히 궁지에 몰리는 일이 있어도 무조건 완수할 수 있다고 자신만만하게 되었다. 나 자신에 대한 철저한 믿음이 생긴 것이다.

이처럼 압도적인 도전은 하루라도 젊을 때 하자. 그러고 나면 자기 자신을 절대적으로 믿으면서 살아갈 수 있는 기간이 길어지기 때문이다.

가능하면 20대에 도전하는 것이 가장 좋다. 하지만

30대, 40대라도 아직 늦지 않았다. 그 이상의 연령이라고 해도 압도적으로 노력하려고 마음먹은 지금이 자신의 인생에서 가장 젊다. 인생에서 도전을 하는 데 너무 늦었다는 말은 없다.

1%의 사람이 되려면

한계에 도전하라

잘 풀리는 1%의 사람은

**정기적으로 자신이 가는 길을
확인한다**

안 풀리는 99%의 사람은

무턱대고 계속 노력한다

매일 눈앞의 일에 집중하고 있어도 목표에 다다르는 기분이 들지 않을 때가 있다. 심지어 자기도 모르는 사이에 목표하던 방향과 상당히 벗어나 있음을 깨닫고 충격을 받기도 한다. 이것은 무턱대고 노력하면서 자신이 열심히 하고 있다고 착각한 결과다.

목표를 향하는 궤도에서 이탈하는 것은 처음에 아주 사소한 어긋남에서 시작되었을지도 모른다. 하지만 그렇게 어긋난 채 계속 앞으로 나아가면 목표와의 차이가 점점 벌어진다. **따라서 목표를 향한 의식과 행동에 흔들**

림이 없는지 가끔 점검해야 한다.

POS(판매시점 정보관리시스템)가 보급된 현재도 점포나 기업에서는 정기적으로 재고 조사를 한다. 재고를 하나 씩 확인해서 상처나 오염이 있는 제품, 유행에 뒤떨어 지는 제품을 조사한 뒤 현재의 재고 가치를 정확히 파 악한다. 인생에서도 이런 작업이 필요하다. 예를 들어 1년에 한 번(혹은 반년에 한 번), 한 해(반년)를 되돌아보는 시간을 갖는다. 그렇게 하기만 해도 목표에서 조금 흔 들리거나 어긋난 부분을 확인할 수 있다.

현실에서 동떨어져 일상과는 다른 시간의 흐름에 몸을 맡겨보는 것도 좋다. 일부러 스마트폰을 두고 여행을 떠나보자. 오랜만에 고향에 돌아가보는 것도 좋다. 현실과 거리를 두면 지금 하는 일을 그대로 진행해도 되는지 현재 상황을 성찰하는 눈이 열린다. 인생 재고 조사가 이루어지는 것이다.

또한 30대에서 40대가 되는 등 나이대가 바뀌는 것을 계기로 지난날을 재검토하고 앞으로 나아갈 방법을 곰곰이 따져보는 것도 추천한다.

1%의 사람이 되려면

정기적으로
인생 재고 정리를 하라

6

1%의 행복해지는 방법

HAPPINESS

39 - 45

잘 풀리는 1%의 사람은

**잠재의식의 힘을
활용하고 있다**

안 풀리는 99%의 사람은

**잠재의식의 힘을
깨닫지 못한다**

여기까지 생각과 사고를 바꾸기 위한 힌트와 계기를 이야기해왔다. 그 내용을 보고 자신이 할 만한 항목을 실행해보았는가? 그런 사람은 이미 자기 내면에 무언가가 바뀌기 시작한 게 느껴질 것이다. 그것은 당연히 일어나야 할 자연스러운 변화다.

마음이 바뀌면 행동이 바뀐다.

행동이 바뀌면 습관이 바뀐다.

습관이 바뀌면 인격이 바뀐다.

인격이 바뀌면 운명이 바뀐다.

운명이 바뀌면 인생이 바뀐다.

이 흐름은 사람의 인생을 관통하는 법칙이다. 이 법칙을 돌아가게 하는 힘을 나는 '행복해지는 힘'이라고 부른다. 행복해지는 힘은 잠재의식이라고 부르기도 한다.

"나는 생각한다. 고로 존재한다."라는 데카르트의 말이 전하는 것처럼 사람은 내가 나라고 의식했을 때 비로소 자기의 존재를 인식한다. 잠재의식은 그런 현재의식이라고 부르는 의식과는 달리 **의식이 없으면서도 실제로 크나큰 에너지의 원천이다. 자신을 살리는 힘, 살아가는 힘의 원천이라고 생각해도 된다.**

이 에너지를 행복해지는 힘이라고 부르는 것은 이 힘을 생각대로 움직이게 되면 원하는 행복을 실현할 수 있기 때문이다. **잠재의식은 무한한 가능성을 간직한 무한한 에너지의 원천이다.** 일단 자기 속에 행복해지는 힘이 있음을 깨닫자. 그 순간 여러분의 인생은 행복을 향해 움직일 것이다.

1%의 사람이 되려면

자기 내면에 있는
'행복해지는 힘'을 깨닫는다

잘 풀리는 1%의 사람은

**행복해지는 방법을
명확히 알고 있다**

안 풀리는 99%의 사람은

행복해지는 방법을 모른다

행복해지는 힘, 즉 잠재의식을 어떤 식으로 움직일지
는 스스로 정해야 한다. 행복에는 정해진 형태가 없기
때문이다. 나는 치료를 마친 환자가 미소를 되찾은 모
습을 볼 때 가장 행복을 느낀다. 내가 아는 한 편집자는
작업하던 책이 완성되어 서점에 진열되어 있는 모습을
볼 때 가장 행복하다며 웃었다. 음식을 만들어놓고 좋
아하는 사람이 돌아오기를 기다리는 시간이 행복하다
는 사람도 있고, 취미로 정원을 가꾸면서 꽃이 아름답
게 피었을 때가 최고라는 사람도 있다.

여러분은 어떻게 되고 싶은가? 어떻게 되었을 때 가장 행복할까? **어떤 인생을 살고 싶은가? 무엇을 위해 살고 싶은가? 그런 목적의식이 확실해야 한다.** 목적의식이 흔들리면 행복해지는 힘은 나아갈 방향을 잃고 만다.

살아가는 목적, 나는 그것을 미션이라고 부른다. 사전에 미션은 임무, 사명이라고 설명되어 있는데, 이것은 조금 무겁다. 미션은 좀 더 심플한 것이다. 자신이 어떤 상태일 때 가장 편안한가? 그 상태를 목표로 하는 것이 바로 자신의 미션이지 않을까?

나는 **어떤 경우에도 후회하지 않는 것**을 미션으로 삼고 있다. 이런 말을 들으면 맥 빠진 듯한 표정을 짓는 사람이 종종 있다. 사람들은 미션이라고 하면 세계평화에 공헌한다거나 과학자로서 과학 진보에 기여한다는 식으로 모두가 존경 어린 시선을 보내는 목표를 말해야 한다고 믿기도 한다.

실은 나도 몇 년 전까지는 **치과 의료를 통해서 한 사람이라도 더 많은 환자의 건강에 이바지하고 구강위생의 진보에 도움이 되는 것**이 내 미션이라고 믿었다. 어떤 경우에도 후회하지 않는 것이라는 현재의 미션은 이전의 숭고한 미션보다 약해졌다고 생각하는 사람이 있을지도 모르겠다.

그러나 어떤 경우에도 후회하지 않는 것이라는 미션에는 치과 의료를 통해 환자와 사회에 이바지하겠다는 미션까지 포함된다. 나는 이런 변화로 한 단계 진화했다고 생각해서 크게 만족하고 있다.

사는 내내 "미소가 멋지네요." 또는 "함께 있으면 편안해요."라는 말을 듣고 싶다는 것을 목표로 해도 훌륭하다. **무엇이 되고 싶은지 생각하기보다 자신이 어떤 순간에 행복을 느끼는지에 주목하자.** 그것을 파악한 순간부터 우리 내면의 행복해지는 힘은 그 방향을 향해 움직이기 시작할 것이다.

1%의 사람이 되려면

자신의 미션을 확실히 파악하라

잘 풀리는 1%의 사람은

항상 미소가 끊이지 않는다

안 풀리는 99%의 사람은

감정 기복이 심하다

사람의 감정은 쉽게 움직인다. 하늘이 맑으면 기분이 밝아지고, 잔뜩 찌푸린 날씨가 되면 우울해진다. 출퇴근 시간의 전철이 평소보다 혼잡하다는 사소한 일로 주체하지 못할 만큼 짜증이 나기도 한다. 그런 식으로 이유 없이 흔들리는 감정에서 벗어나 뛰어난 인격을 습득하는 단계로 나아가보자.

나는 **항상 미소 짓는 사람이 가장 훌륭한 인격을 갖고 있다**고 생각한다. 미소는 자신의 마음을 온화하게 할 뿐 아니라 주변 사람에게도 말로 표현할 수 없는 행복을 나누어주기 때문이다.

"나는 훨씬 전부터 그렇게 하려고 마음먹었어요."

그렇게 자신 있게 말할 수 있다면 여러분은 이미 훌륭한 인격의 소유자라고 할 수 있다. 사실 항상 미소를 띠고 있는 사람은 그리 많지 않다. 모임 자리에서 저도 모르게 찍힌 사진을 보고 '좀 더 잘 찍혔으면 좋았을 텐데'라고 생각한 적이 있을 것이다. 그런 사진에는 얼굴에 피곤함이 잔뜩 묻어 있거나 시무룩한 모습일 때가 많다. 역시 항상 미소를 띠고 있는 것은 그리 간단하지 않다.

나는 미소에 대해서도 공부를 거듭하면서 시간을 투자해서 항상 미소를 지으려고 노력했다. 미소를 공부하게 된 것은 가끔 수강했던 어느 경영 세미나가 계기가 되었다. 국제 경험이 풍부한 강사가 "세계적인 경영자들은 표정과 행동과 같은 자기표현, 특히 미소를 전문가에게 배우고 있습니다."라고 말하는 것이었다. 정말이지 놀라운 이야기였다. 그때까지 다방면에 손을 뻗어 적극적으로 배움을 찾아다녔지만, 미소를 배우는 것까지는 생

각이 미치지 않았다.

미소는 생각에 이로운 영향을 주고, 행복해지는 힘을 밝게 비추는 빛이 된다. 그러니 슬픔이나 절망의 구렁텅이에 빠져 있을 때야말로 미소를 짓도록 하자. 즐거운 일이 떠오르지 않고, 좋은 일이 하나도 없다는 마음이 들 때야말로 웃어야 한다. 만들어낸 웃음이라도 좋다. 그 웃음에서 작은 빛이 켜져서 주변이 조금씩 밝아진다. 그 빛에 이끌려 행복해지는 힘, 즉 잠재의식은 행복을 실현하려고 움직이기 시작한다.

내가 갔던 웃음 세미나에서는 거울을 볼 때마다 자신이 최고라고 생각하면서 미소를 짓는 연습을 반복하게 했다. 작은 거울을 주면서 책상에 두고 하루에 몇 번씩 웃는 얼굴을 확인하라고 했다. 이렇게 미소를 완전히 습관화해서 평소 얼굴이 웃는 얼굴이 되는 수준까지 도달하라는 것이다. 이 세미나를 들은 뒤 확실히 성과가 있었다. 내 강연과 심리 상담이 끝난 뒤 "이노우에 선생님의 미소를 보고 있기만 해도 힘이 나네요."라는 말을 자주 듣게 되었기 때문이다.

내가 웃는 얼굴로 대하면 상대도 웃음을 보인다. 그러면 상대의 내면에 있는 행복해지는 힘이 작용해서 그 사람의 인생도 잘 풀린다. **미소에는 그런 연쇄작용을 일으키는 힘도 있다.**

1%의 사람이 되려면
최고의 미소를 연습하라

잘 풀리는 1%의 사람은

**진심으로 감사하다고
말한다**

안 풀리는 99%의 사람은

**감사의 말에 진심이
담겨 있지 않다**

아침에 눈을 떴을 때 가장 처음으로 감사하는 마음부터 생기는 사람은 모든 일이 필연처럼 잘 풀린다. **감사하는 마음은 행복해지는 힘에 담긴 자기장을 증폭시켜서 자신에게 바람직한 것, 유리한 것, 좋은 방향으로 작용하는 것을 끌어당기기 때문이다.**

사람은 본래 한없이 감사하는 존재로 태어났다. 새로운 생명의 탄생만큼 감동을 가져오는 것은 없다. 자신의 아이가 태어난 순간을 떠올려보자. 아이가 태어났을 때 자기 속에 지금까지 느껴본 적 없을 정도의 커다란 힘, '이 아이를 위해서라면 무슨 일이든 할 수 있다'라는 무한한 힘이 솟아오르는 것을 느꼈을 것이다.

조부모, 형제, 친구, 지인, 주변 사람들까지 새로운 생명의 탄생을 아는 모든 사람이 지극한 행복감에 휩싸였을 것이다. 그리고 저절로 이렇게 말하지 않았는가?

"태어나줘서 고마워."

이 감사하는 마음이 약 60조 개의 세포 하나하나에 새겨진다. 세포 하나하나에 새겨진 사람들의 감사하는 마음

은 잠재적인 기억이 되어 행복해지는 힘의 핵심이 된다. 그래서 **고맙다는 말은 행복해지는 힘을 크게 움직인다.**

그때부터 오늘날까지 우리는 얼마나 많은 사람의 신세를 지고, 도움을 받고, 보살핌을 받고, 지지를 얻으며 살아왔을까? 사람이 미성숙한 모습으로 태어난 것은 이런 체험을 통해서 깊은 감사를 안을 수 있는 사람으로 성장하기 위해서가 아닐까? 지금까지 받은 많은 사랑에 대한 최고의 답례는 모든 것에 감사하는 사람이 되는 것이다.

그러니 어떤 경우에도 가장 처음 하는 말이 "고마워."라는 감사의 표현이 될 수 있도록 노력하자. 이때

눈앞의 사람에게만 감사하는 것이 아니라 그 너머에 있는, 지금까지 만난 모든 사람을 향해 감사하자. 그 정도의 마음을 담아서 진심으로 "고마워."라고 말하는 것이 중요하다.

"감사합니다. 오늘 뵙게 되어 기쁩니다."

"고마워요. 또 만났네요."

나는 누구를 만나도 가장 처음에 "고마워."라고 말하기로 정했다. 어떤 순간이든 감사하는 마음으로 보낸다. 입을 열 때는 맨 처음 "고마워."라고 말한다. 이런 습관을 지속하면 행복해지는 힘은 점차 강화된다. 그래서 어느 때라도 행복을 발견해서 행복감에 푹 빠질 수 있다.

1%의 사람이 되려면

언제나 감사하는 마음을 잊지 말자

잘 풀리는 1%의 사람은

행복 감도가 높다

안 풀리는 99%의 사람은

행복 감도가 낮다

살아 있는 모든 것은 행복해지기 위해 존재하며 행복을 추구하면서 살아간다. 현대의 생물학에서는 생명체의 존재 의의를 이렇게 정의한다고 한다. 사람은 말할 것도 없고 어떤 생물이든 행복해지는 힘이 깃들어 있기 때문이다.

최신 연구에 따르면 지구에는 추계 약 870만 종의 생물이 생식하고 있다. 그 넓은 범주에는 단세포 동물도 있고 이끼, 균, 누룩 등도 포함된다. 그중 약 90%는 아직 발견하지 못했거나, 올바르게 분류하지 못했고, 아직 이름도 없다고 한다.

단세포 동물이나 이끼, 균에게 행복이 있을까? 소박하지만 실로 좋은 질문이다. 상식적으로는 '단세포 동물은 행복한지 행복하지 않은지 알지 못한다'라고 결론 내려질 것이다. 하지만 '단세포 동물에게도 행복해지는 힘이 있다'라는 것이 정답이다.

행복은 그 생물이 편안한 환경에서 쾌적하게 생명 활동을 지속하는 일이다. 예를 들어 고래는 몸이 지나치게 커져서 육상에서 몸을 지탱하기 어려워지자 넓은 바다로 거처를 옮기고 부력을 얻어 편안히 활동하게 되었다. 그 결과 생활을 대양의 크기만큼 확대할 수 있었다. 이것이 고래에게는 행복의 실현인 것이다.

모든 사람은 행복해지기 위해 태어났다. 나는 자주 이렇게 이야기하는데, 이것은 생명과학을 바탕으로 한 진리다. '행복해지자'라는 강한 생각은 생명의 활동 그 자체다. 행복을 실현하려고 하지 않으면 살아 있는 의미가 없다.

행복하다

고래의 행복이 넓은 바다에서 살아가는 걸 선택한 것처럼 행복에는 보편적인 정의가 없다. 나에게 행복의 정의는 성장하고 있다고 실감하는 일이다. 50대가 되니 수직으로 뻗는 성장만이 아니라 내적인 능력과 인간성에 깊이를 더하는, 성장이라기보다 성숙해졌다고 실감할 때도 이를 데 없는 행복을 느낀다.

나는 자주 "행복의 감도, 행복의 센서도 기르자."라고 말한다. 자신에게 무엇이 행복인지 확인함과 동시에 **아주 작은 일에도 행복을 느끼는 힘. 사소한 변화도 날카롭게 파악해서 행복을 느끼는 센서.** 그 힘과 센서를 길렀으면 한다.

다른 사람은 거의 눈치 채지 못할 정도의 성장이라고 해도 "오늘도 성장했어."라고 기뻐할 수 있다면 매일 깊은 행복감을 느낄 수 있다. 자기 내면의 행복해지는 힘을 움직이는 것은 그 사소한 행복감이다. 아주 작은 일에도 행복을 느낄 수 있다면 행복해지는 힘은 더욱 강화되고 연쇄작용이 일어나 점점 더 행복해질 것이다.

사소한 행운을 발견했다면 조금 과도하다고 싶을 정도로 크게 기뻐하자. 이런 습관이 쌓이면 머지않아 행복 체질로 바뀔 것이다.

1%의 사람이 되려면

행복 체질로 바꾸어나가자

잘 풀리는 1%의 사람은

**행복을 인식하는
능력이 강하다**

안 풀리는 99%의 사람은

**행복을 인식하는 능력이
퇴화되어 있다**

사람은 대부분 현재 일상에 만족하지 못한다. 좀 더 능력을 발휘하고 싶다거나 좀 더 좋은 평가를 받고 싶다는 생각이 마음속에 늘 자리한다. 어딘가 어렴풋이 불만을 느끼는 사람도 많다. 자기 계발이나 행동 원리에 대해 배울 기회가 없었다면 나 역시 그랬을 것이다.

이 세상에 태어난 순간에는 누구라도 최고의 가치가 있는 존재로서 축복받는다. 갓 태어난 아기는 부모에게 어떤 것도 대신할 수 없는 존재가 되어 단지 호흡하며 살아 있기만 해도 지극한 행복을 준다.

그런데 다음 순간부터 그 행복에 조금씩 금이 가기 시작해서 서서히 약해진다. 육체적으로 최고의 상태이거나 능력이 최고점에 달해 있어서가 아니라 자기 자신이 그 자체로 행복의 원천이라는 근원적 존재감이 서서히 약해지는 것이다.

어린 시절에는 자신에게 이렇다 할 불만은 없었는데, 어른이 된 지금은 자신을 좋아하지 못한다. 형편없는 인간이라는 생각까지 든다. 만약 그렇다면 그것은 여러분이 형편없기 때문이 아니라 행복을 감지하는 힘이 약해졌기 때문이다.

아무것도 하지 않으면 행복을 감지하는 능력은 더욱 퇴화되어 인생을 긍정적으로 파악하는 힘도 약해질지 모른다. 그런 의미에서 **행복을 감지하는 힘이 약해졌다는 사실을 인식하는 것은 얼마나 행운인가?** 지금 다시 행복을 강하게 인식하려고 하면 후퇴에서 전진으로 방향을 바꿀 수 있다. 자신이 후퇴하고 있음을 깨달은 순간이 전진을 향해 인생의 기어를 바꿀 최고의 기회다.

1%의 사람이 되려면

우선 행복을 감지하는 힘이 약해졌음을 인식하라

잘 풀리는 1%의 사람은

즐기면서 계속 노력한다

안 풀리는 99%의 사람은

이를 악물고 노력한다

행복 체질이 되면 불행과 불운은 이 세상에 없는 것과 같은 상태가 된다. 자신에게 일어나는 일을 전부 행운의 씨앗으로 바꾸는 능력이 있기 때문이다. 모든 것이 원하는 대로 잘 풀린다고 믿고, 원하는 결과가 나오는 것을 기대하면서 새로운 도전을 즐기자.

중요한 것은 그 도전을 진심으로 즐기는 일이다. 이를 악물고 3시간 노력하기보다 단 10분이라도 즐기면서 노력하는 쪽이 확실한 결과를 얻을 수 있고, 행복으로도 이어진다. 즐거움, 기쁨, 재미, 설렘, 기대, 두근거

림, 들뜨는 마음, 하늘을 나는 기분, 조용히 채워지는 마음, 편안한 충족감……. 여러분의 모든 행동이 행복을 실현하는 방향으로 향할 것이다.

아직 안 풀리는 일이 있어서 한숨짓거나, 결과가 나오지 않는 헛된 노력을 지속하고 있다면 일단 마음을 싹 비우는 것도 좋다. 잠깐 중립 상태에 있다가 자신이 가장 좋아하는 일(그것만 하면 싫은 일도 신경 쓰지 않게 되는 일)에 열중해보자. 열중하는 동안에 부정적인 생각은 깨끗이 사라지고, 당연히 잘 풀릴 것이라는 예감이 솟구친다. 행복해지는 힘이 작용하는 것이다.

인생을 탈바꿈해서 바람직한 방향으로 나아가 큰 행복을 실현하는 것은 자기 힘만으로도 할 수 있다. 인생이 잘 풀리는 단 1%의 사람은 행복해지는 힘을 최대로 사용할 수 있는 사람이다. 여러분도 그렇게 될 수 있다. 나는 그 가능성이 100%라고 확신한다.

1%의 사람이 되려면

모든 것이 잘 풀리는 사람으로 바뀐다